日英対訳

宇宙のすべて

Amazing Space:
Black Holes, Planets, Rockets, and More

Ed Jacob =著

深山真 =訳

IBCパブリッシング

監修・コラム執筆＝田中忠芳
カバーデザイン＝山口桂子(atelier yamaguchi)
カバー・扉写真＝Adobe Stock
本文写真＝Wikipedia
Adam Evens (p.46) / Bundesarchiv, Bild 141-1875A (p.148) / China News Service (p.200r,202) / ESA & MPS for OSIRIS Team MPS/UPD/LAM/IAA/RSSD/INTA/UPM/DASP/IDA (p.92) / ESA/Hubble (p.30,52,122b) / ESO/Y.Beletsky (p.34) / Hotel Pika (p.213r) / ISAS/JAXA (p.195b) / Kevin M. Gill (p.80) / Luc Viatour (p.88) / NASA/ESA (p.18) / SimgDe (p.129) / SpaceX (p.214) / the European Southern Observatory (ESO) (p.39,48)

まえがき

　宇宙は、私たちの想像を超えた広がりを持つ神秘的な世界です。夜空に輝く星々、太陽系の惑星、遠くの銀河、そして私たち自身の存在——これらすべてが、壮大な宇宙の一部としてつながっています。

　しかし、私たちは宇宙についてどれほどのことを知っているのでしょうか。宇宙はどのように誕生し、どのように進化してきたのか、そして今後どのような未来が待っているのか。はるか昔から人々はこの神秘に思いを巡らせ、夜空を観測し、さまざまな理論を組み立ててきました。そして、現在も科学者たちは新たな発見を重ね、宇宙の謎に挑み続けています。

　本書では、宇宙の誕生と進化、星や銀河の成り立ち、地球と太陽系の特徴、そして人類が挑んできた宇宙探査の歩みをわかりやすく解説しています。人工衛星や宇宙探査機の活躍、最新の天文学の研究成果にも触れながら、宇宙が私たちの暮らしにどのような影響を与えているのかも紹介しています。また、日本語と英語の対訳形式になっているため、宇宙について学びながら、英語の読解力も向上させることができるでしょう。

　近年、宇宙開発は飛躍的に発展し、科学的な発見が次々と報告されています。その技術は、通信や医療、環境分野、安全保障など、私たちの社会のさまざまな領域で活用されています。本書を通じて、宇宙の壮大なスケールと、宇宙が持つ可能性や未来の展望に思いを巡らせていただければ幸いです。

　さあ、無限の宇宙への旅に出かけましょう。

IBC編集部

Contents

Introduction ·· 10

Part 1
Our Incredible Universe ·········15

The Birth of the Universe ··································· 16
✳ Why did our universe begin? ····························· 22
Galaxies ·· 30
The Milky Way Galaxy ·· 34
✳ Black Holes: The Universe's Ultimate Mystery ········40
Our Galactic Neighbors ·· 46
Stars and Black Holes ·· 50
✳ Secrets of the Night Sky: From Stars to Meteorites ·54
Exoplanets ··· 62

Part 2
Our Solar System ················67

Birth of the Solar System ···································· 68
The Sun ·· 72
Mercury ·· 76

4

目 次

はじめに……………………………………………………………………11

第1部
驚くべき宇宙 …………………………… 15

宇宙の誕生………………………………………………………17
✳ なぜ、私たちの宇宙は始まったのか？……………………23
銀河……………………………………………………………31
天の川銀河……………………………………………………35
✳ ブラックホール──宇宙の究極の謎………………………41
銀河の隣人たち………………………………………………47
星とブラックホール…………………………………………51
✳ 夜空の秘密──星たちから隕石まで………………………55
太陽系外惑星…………………………………………………63

第2部
私たちの太陽系 ………………………… 67

太陽系の誕生…………………………………………………69
太陽……………………………………………………………73
水星……………………………………………………………77

5

Venus ·· 80

Earth ··· 84

The Moon ·· 88

Mars ·· 92

Jupiter ··· 96

Saturn ··· 100

Uranus ·· 104

Neptune ·· 108

The Kuiper Belt ·································· 112

Pluto ··· 114

✳ The Secrets Behind Planet Names ········· 118

Dwarf Planets ···································· 122

Asteroids ··· 124

Comets ·· 126

Part 3
Space Exploration ··················· 131

Ancient Dreams and Early Discoveries ········· 132

✳ Constellation Wonderland:
    The Stories Written in the Night Sky ········· 134

The Birth of Telescopes ························· 138

✳ Dark Matter and Dark Energy ············· 140

Early Rocket Pioneers ··························· 146

War and Rockets ································· 148

Sputnik 1 and Yuri Gagarin ················· 152

金星 …………………………………………………… 81

地球 …………………………………………………… 85

月 ……………………………………………………… 89

火星 …………………………………………………… 93

木星 …………………………………………………… 97

土星 …………………………………………………… 101

天王星 ………………………………………………… 105

海王星 ………………………………………………… 109

カイパーベルト ……………………………………… 113

冥王星 ………………………………………………… 115

✳ 惑星の名前の秘密 ………………………………… 119

準惑星 ………………………………………………… 123

小惑星 ………………………………………………… 125

彗星 …………………………………………………… 127

第3部
宇宙探査 ……………………………… 131

古代の夢と初期の発見 ……………………………… 133

✳ 星座のワンダーランド
　　──夜空に描かれた物語 ………………………… 135

望遠鏡の誕生 ………………………………………… 139

✳ ダークマター(暗黒物質)とダークエネルギー … 141

初期ロケットのパイオニアたち …………………… 147

戦争とロケット ……………………………………… 149

スプートニク1号とユーリ・ガガーリン …………… 153

The Apollo Program and the First Moon Landing ···· 154

The Space Shuttle ··· 162

The International Space Station ···················· 166

✳ The Surprising Daily of an Astronaut:
   Living in Space Is Nothing Like Life on Earth ···· 172

Modern Telescopes ································· 178

Satellites ··· 184

Space Junk ··· 188

Space Probes ····································· 192

Mars Rovers ······································· 196

Weapons in Space ································· 204

Private Space Exploration ····················· 210

The New Space Race ····························· 216

The Future of Space Exploration ··············· 220

アポロ計画と初の月面着陸 ……………………………… 155

スペースシャトル ………………………………………… 163

国際宇宙ステーション …………………………………… 167

✴ 宇宙飛行士の驚きの日常生活：
　　地球とは全然違う宇宙の暮らし ……………………… 173

現代の望遠鏡 ……………………………………………… 179

人工衛星 …………………………………………………… 185

宇宙ゴミ …………………………………………………… 189

宇宙探査機 ………………………………………………… 193

火星ローバー ……………………………………………… 197

宇宙兵器 …………………………………………………… 205

民間宇宙探査 ……………………………………………… 211

新たな宇宙開発競争 ……………………………………… 217

宇宙探査の未来 …………………………………………… 221

宇宙用語集 ……………………………………………… 226

Introduction

Just 600 years ago, most of our world was unexplored and unknown. People in Europe knew little or nothing about the Americas, Africa, and large sections of Asia. However, during the Age of Discovery, between the fifteenth and seventeenth centuries, brave explorers set out in fragile wooden ships, attempting to cross entire oceans. During this period, maps of the world were quickly filled in, and human knowledge grew at an incredible speed as new places, animals, plants, and civilizations were discovered.

Today, we are beginning a new era, an age of exploration like the one that captured the hearts and minds of Europeans in the 1400s. But our destination is not the distant shores of a new continent; it is outer space. Our vessels are not sailing ships; they are powerful rockets. And our quest is not merely to discover new lands but to unlock the secrets of the universe itself.

Just as the explorers of old attempted to expand their knowledge of the world, we, too, are driven by a thirst for knowledge. Our journey into the cosmos is not merely an adventure; it is a quest to find answers to questions about the origins of our planet, the nature of our existence, and the potential for life beyond the Earth.

Modern life depends on technology like satellites and on innovations and materials that were developed as a result of space exploration. During the Age of Exploration, the world that the explorers had opened up became increasingly

はじめに

わずか600年前、世界の大部分は未知の領域でした。ヨーロッパの人々は、アメリカ大陸、アフリカ、そしてアジアの広大な地域についてほとんど何も知りませんでした。しかし、15世紀から17世紀にかけての大航海時代に、勇敢な探検家たちが脆弱な木造船で大洋を横断しようと出航しました。この時期、世界地図は急速に埋められ、新たな土地や動植物、文明が次々と発見され、人類の知識は驚くべき速さで拡大していったのです。

今日、私たちは新たな探求の時代を迎えています。それは、15世紀にヨーロッパ人を魅了した大航海時代に匹敵するものと言えるでしょう。しかし、私たちの目指す先は新大陸ではなく、広大な宇宙です。私たちの乗り物は帆船ではなく、強力なロケットです。そして、私たちの使命は単に未知の土地を発見することではなく、宇宙の秘密そのものを解き明かすことにあるのです。

かつての探検家たちが世界の知識を広げようとしたように、私たちもまた知識への渇望に駆り立てられています。宇宙への私たちの旅は単なる冒険にとどまりません。それは、地球の起源や私たち人類の存在の本質、さらには地球外生命の可能性に関する問いに答えを見出すための探求なのです。

現代の生活は、衛星技術や宇宙探査によって開発された革新的な技術や素材に大きく支えられています。大航海時代に探検家たちが新たな世界を切り拓き、それが当時のヨーロッパ人にとってますます重要なものとなったように、私たちが太陽系やその先の銀河について得る

important to Europeans, and so knowledge of our solar system and even the galaxies beyond it are likely to become more important to people on Earth in the near future.

Knowledge of space is no longer just a hobby for people who love science fiction or a specialized field of study for a few scientists. It is becoming an important part of our everyday lives that everyone in the world needs to have at least a basic understanding of.

Why, you might ask, is this new age of exploration so important? The answer lies in the power of knowledge. The discoveries we make in space have the potential to revolutionize our understanding of science, reshape our technology, and drive our economies to new heights.

Rockets have led to advancements in physics, engineering, and materials science. The knowledge gained from building and launching them has not only taken us to the moon and beyond but has also given birth to countless innovations that touch our everyday lives. From satellite technology that powers global communications to the development of high-tech materials used in medical devices, space exploration has a huge impact on our society.

As we set off on this cosmic voyage, we must remember that it is not just scientists and engineers who hold the key to our future in space. It is a journey that belongs to all of humanity, a collective effort to expand our horizons and knowledge. Just as the Age of Exploration brought people together across continents, our age of space exploration unites us across borders and cultures.

知識も、近い将来、地球上の人々にとってより重要なものとなるでしょう。

　宇宙に関する知識は、もはやSF好きな人々の趣味や一部の科学者の専門分野にとどまるものではありません。それは、私たちの日常生活においてますます重要な役割を果たすようになり、世界中のすべての人が少なくとも基本的な理解を持つべきものとなっています。

　では、なぜこの新しい探求の時代がこれほど重要なのでしょうか？その答えは知識が持つ力にあります。宇宙での発見は、私たちの科学的理解を革新し、技術を再構築し、経済を新たな高みに引き上げる可能性を秘めているのです。

　ロケット技術は、物理学、工学、材料科学の進歩をもたらしました。ロケットの建造や打ち上げによって得られた知識は、私たちを月やその先へと導いただけでなく、日常生活に届けられる数えきれないほどの革新を生み出しました。地球規模の通信を支える衛星技術から、医療機器に使用される先端材料の開発に至るまで、宇宙探査は私たちの社会に多大な影響を与えています。

　この宇宙への旅を進めるにあたり、私たちは、宇宙における未来の鍵を握るのは科学者やエンジニアだけではないことを忘れてはなりません。この旅は人類全体に属するものであり、私たちの視野と知識を広げるために、みんなで力を合わせて進めていく取り組みなのです。かつての大航海時代が大陸を越えて人々を結びつけたように、現代の宇宙探査の時代も国境や文化を越えて私たちを一つにしています。

本書は、著者による英語原稿を日本語訳し、左右のページに英語と日本語をそれぞれ配置しています。どちらの言語からでもお読みいただける構成となっています。日本語訳は逐語訳ではなく、英語の主旨に加えて天文、宇宙に関する情報を的確に伝えるため、適切な表現を採用しています。そのため、一部の単語や表現が日本語にあっても英語には含まれていない場合（またはその逆も）があります。また、対応する日本語と英語の単語やフレーズはそれぞれ太字にしており、読みやすさを高める工夫を施しています。

Part 1

Our Incredible Universe

第 1 部

驚くべき宇宙

Part 1 Our Incredible Universe

The Birth of the Universe

In the beginning, there were no **galaxies**, no stars, and no **planets**. There was nothing. The only thing that existed was a tiny, super-dense point. It was unimaginably small, but it also had an incredible amount of energy in it. This point, known as a **singularity**, is believed to be the origin of our universe.

Suddenly, a powerful burst of energy erupted from the singularity. This event, called the **Big Bang**, marked the beginning of our universe. It was like an enormous explosion, but instead of things being blown apart, space itself started expanding. Picture blowing up a balloon—as it inflates, everything on its surface moves farther away from everything else.

As space expanded, it carried energy with it. This energy transformed into **particles**, the building blocks of matter. Simple elements like **hydrogen** and **helium** formed during the early moments of the universe. These elements would eventually come together to create galaxies, stars, and planets.

In those early times, the universe was incredibly hot and dense. Temperatures were unimaginably high, reaching billions of degrees. As the universe expanded, it began to cool down, allowing particles to come together and form **atoms**. These atoms gathered to create clouds of gas.

第1部 驚くべき宇宙

宇宙の誕生

　始まりには、**銀河**も星も**惑星**も存在していませんでした。私たちの宇宙は、非常に小さく、超高密度の一点から始まりました。それは想像を絶するほど小さいものでありながら、同時に信じられないほど膨大なエネルギーを内包していました。この点は「**特異点**」と呼ばれ、私たちの宇宙の起源であると考えられています。

　突然、この特異点から強力なエネルギーの爆発が起こりました。この出来事は「**ビッグバン**」と呼ばれ、私たちの宇宙の始まりを告げるものでした。それは巨大な爆発のようなものでしたが、物が吹き飛ぶのではなく、空間そのものが拡張しはじめたのです。風船を膨らませる様子を思い浮かべてみてください。風船が膨らむと、その表面上のすべての点が他の点から遠ざかっていくように、空間も広がっていったのです。

　空間が拡大するにつれ、エネルギーもそれに伴い運ばれていきました。このエネルギーは**粒子**へと変化し、それが物質の基本的な構成要素となったのです。宇宙の初期には、**水素やヘリウム**といった単純な元素が形成されました。そして、これらの元素が最終的に集まり、銀河、星、そして惑星を作り出すことになったのです。

　初期の宇宙は、非常に高温で密度が高い状態でした。温度は想像を絶するほど高く、数十億度に達していました。宇宙が膨張するにつれて温度が次第に低下し、粒子同士が結合して**原子**を形成することが可能になりました。これらの原子が集まり、やがてガスの雲を形成していったのです。

最新の観測によると、宇宙は約138億年前に誕生したとされる。

Part 1 Our Incredible Universe

Under the force of **gravity**, these gas clouds began to collapse in on themselves. As they contracted, they heated up and started to glow. In this way, the first stars were born. These were not like the stars we see in the night sky now—they were massive and blazing, radiating intense light and heat.

Inside these stars, an amazing process was taking place. Hydrogen atoms were fusing together to form helium. This fusion released an enormous amount of energy in the form of light and heat. It was like a cosmic furnace, turning simple elements into more complex ones.

But those stars couldn't shine forever. As they used up their **nuclear fuel**, they changed. Smaller stars would gradually cool down and shrink, becoming what we call **white dwarfs**. Larger stars, on the other hand, would end their lives in a fiery explosion known as a **supernova**. These explosions were so powerful that they scattered newly formed elements into space.

These elements became the building blocks for new stars, planets, and even us. Our bodies are made up of these elements—the **carbon**, **oxygen**, and other atoms that were created inside those ancient stars. It's a connection that ties us to the distant past of the universe.

Supernova (bright spot on the lower left)
超新星(画像左下の明るい点)

第1部 驚くべき宇宙

重力の作用によって、これらのガス雲は自身の内部に向かって収縮しはじめました。収縮するにつれて熱を帯び、輝きはじめました。このようにして最初の星々が誕生したのです。それらは現在夜空に見える星とは異なり、巨大で激しく輝き、強烈な光と熱を放射していました。

これらの星の内部では、驚くべき過程が進行していました。水素原子核が融合し、ヘリウム原子核を形成していたのです。この核融合反応によって、光と熱として膨大なエネルギーが放出されました。まるで宇宙の炉のように、単純な元素をより複雑な元素へと変換していったのです。

しかし、これらの星々が永遠に輝き続けることはありませんでした。**核燃料**を使い果たすと、それぞれの星は変化しました。質量が小さな星は徐々に冷却して縮小し、最終的には「白色矮星（はくしょくわいせい）」と呼ばれる状態に至ります。一方、質量が大きな星は超新星（ちょうしんせい）と呼ばれる激しい爆発を起こして生涯を終えます。この爆発は非常に強力で、新たに形成された元素を宇宙空間に撒き散らしました。

これらの元素は、新たな星や惑星、さらには私たち自身の構成要素となりました。私たちの体は、はるか昔の星々の内部で作られた**炭素**や**酸素**、その他の原子からできています。これは、私たちと宇宙の遠い過去とを結びつける繋がりを示しているのです。

天文学では一般にヘリウムより重い（原子番号が大きい）元素、すなわち水素とヘリウム以外の元素を「金属（metal）」または「重元素（heavy element）」と呼ぶ。化学をはじめとする他の学問分野での意味とは定義が異なるので注意が必要。たとえば、酸素、炭素、窒素、硫黄なども天文学ではすべて金属に含まれる。

Part 1 Our Incredible Universe

The expansion of the universe is driven by a mysterious force called **dark energy** that no one has been able to measure so far. This force is causing galaxies to move away from each other **at an accelerating rate**. Imagine dots on a balloon's surface moving away from each other as you **inflate** it—that's how galaxies are spreading out in space.

While the universe is expanding, galaxies are also interacting with each other. Sometimes, galaxies collide and merge, creating new shapes and structures. Our **Milky Way**, for example, will collide with the **Andromeda galaxy** in the far future, billions of years from now.

So, the universe that began as a tiny, unimaginably hot and dense point has evolved into the vast and complex cosmos we see today. It's a story of incredible forces—gravity pulling things together, dark energy pushing them apart, and the powerful processes inside stars shaping everything around us. As we look up at the night sky, we're not just seeing stars; we're gazing at the ancient history of the universe itself.

Space Fact: The early universe was opaque. Due to its high density, light collided frequently with electrons, preventing it from moving freely. It took about 380,000 years for the universe to become transparent enough for light to travel easily through it.

第1部 驚くべき宇宙

宇宙の膨張は、これまで誰も測定することができなかった「ダークエネルギー」と呼ばれる謎のエネルギーによって引き起こされていると考えられています。この力は銀河同士を**加速度的に**遠ざけています。風船を**膨らませる**と、その表面上の点が互いに離れていく様子を想像してみてください。それが、銀河が宇宙空間で広がっていく仕組みなのです。

一方、宇宙が膨張する中でも、銀河同士は相互に影響を及ぼし合っています。時には銀河同士が衝突し合い、新たな形や構造を作り出します。例えば、私たちの**天の川銀河**は、今から数十億年後に**アンドロメダ銀河**と衝突すると予測されています。

このように、極小かつ想像を絶するほど高温・高密度の一点から始まった宇宙は、今日私たちが目にする広大で複雑な姿へと進化してきました。それは、物体を引き寄せる重力、宇宙を押し広げるダークエネルギー、そして星の内部で物質を形成する強力なプロセスが織りなす壮大な物語です。夜空を見上げるとき、私たちは単に星を見ているのではなく、宇宙そのものの悠久の歴史を目の当たりにしているのです。

ダークエネルギーの影響で宇宙の加速膨張が強まると、やがては銀河や星もバラバラになり、原子や素粒子、時空をも引き裂かれ、宇宙は終焉にいたるとする「ビッグリップ（big rip）」という仮説がある。

宇宙の豆知識 初期の宇宙は不透明でした。密度が極めて高く、光は電子と頻繁にぶつかり、自由に進むことができませんでした。宇宙が光を容易に通過できるほど透明になるまでには、約38万年もの時間を要しました。

Part 1 Our Incredible Universe

Why did our universe begin?

Exploring the reason for the beginning of the universe is one of the deepest questions for humankind. Scientists can provide some explanations for how the universe began, but they have yet to find a clear answer to why it began. However, there are several compelling theories.

Born from the Quantum World

—Imagine this: something suddenly appears out of empty space. It sounds like science fiction, but it is scientifically possible. Normally, we think of a "vacuum" as completely empty space, but in quantum mechanics, it's an unstable field where tiny particle pairs constantly emerge and vanish.

なぜ、私たちの宇宙は始まったのか？

　宇宙の始まりの理由を探ることは、私たち人類の最も深遠な疑問の一つです。科学者たちは「宇宙がどのように始まったか」についてはある程度の説明ができますが、「なぜ始まったのか」については明確な答えをまだ見つけられていません。しかし、いくつかの有力な考え方があります。

量子の世界からの誕生

　——想像してみてください。何もない空間から突然何かが生まれる。SF映画のようですが、実は科学的にあり得るのです。通常、「真空」は何もない空間を思い浮かべますが、量子力学では「真空」を、粒子と反粒子のペアが絶えず生まれては消えることをくり返す、不安定な場であると考えます。

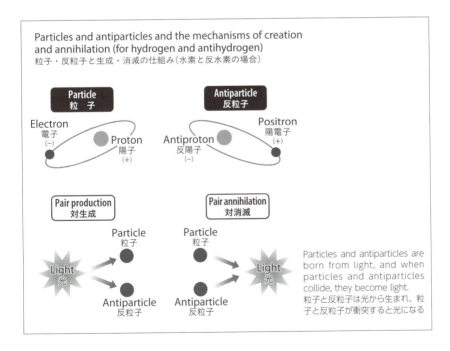

Each pair consists of a particle and its corresponding antiparticle—a mirror-image counterpart with the same mass but opposite charge. For example, an electron has a negatively charged antiparticle called a positron. These particle-antiparticle pairs spontaneously pop into existence and then destroy each other almost instantly.

The fluctuations between energy and particle states within a vacuum are called "quantum fluctuations." There is a theory that these quantum fluctuations may have led to the birth of the universe. In other words, the universe may have naturally emerged from "nothing," almost like magic.

An Infinite Ocean of Universes

Our universe may be just one among countless others. This idea is known as the "multiverse" theory. Universes may be like soap bubbles forming in a sink full of soapy water. Each bubble represents a separate universe, and new ones keep appearing as the foam expands. Similarly, in the multiverse theory, new universes might constantly be coming into existence, just like new bubbles forming in the foam. Our universe would be just one of these countless bubbles in an infinite sea of them.

The Eternal Cycle of the Universe

There is a theory that the universe undergoes an endless cycle of expansion and contraction. This is known as the "Big Bounce" theory. The universe shrinks and then expands again. Then, it shrinks once more. If this cycle continues forever, then the answer to the question "Why did the universe begin?" would be that "There was no beginning."

These ideas spark our imagination and deepen our curiosity about the mysteries of the cosmos. The question of the universe's origin sits at the intersection of science and philosophy, representing the frontier of human intellectual exploration.

第1部 驚くべき宇宙

このペアは一つの粒子とそれに対応する反粒子で構成されています。反粒子とは、粒子と同じ質量を持ちながらも電荷が逆である"鏡のような存在"です。例えば、電子には「陽電子」というプラスの電荷をもつ反粒子があります。こうした粒子と反粒子の対は、自発的に生まれては瞬時に打ち消し合って、対消滅を起こします。

真空中でエネルギーや粒子の状態が変動する現象を「量子ゆらぎ」と呼びます。この量子ゆらぎが宇宙の誕生につながった可能性がある、という考え方があります。つまり、宇宙は魔法のように「無」から自然に現れた可能性があるのです。

無限の宇宙の海

私たちの宇宙は、実は無数にある宇宙の一つにすぎないかもしれません。この考え方を「マルチバース（多元宇宙）」理論と呼びます。宇宙はまるで石けん水にできる泡のようなものかもしれません。それぞれの泡が独立した宇宙を表し、泡がどんどん広がるように、新しい宇宙も次々と生まれている可能性があります。この理論によれば、私たちの宇宙も、無限に広がる泡の海の中にある無数の泡の一つにすぎないのです。

永遠に続く宇宙のサイクル

宇宙は無限に膨張と収縮を繰り返しているという仮説もあります。これを「ビッグバウンス理論」と呼びます。宇宙が縮んで小さくなり、再び大きく膨らむ。そしてまた縮む。このサイクルが永遠に続いているとしたら、「なぜ宇宙が始まったのか」という問いに対して「始まりはない」という答えになります。

これらの考え方は、私たちの想像力を刺激し、宇宙の神秘に対する好奇心をかき立てます。宇宙の始まりの謎は、科学と哲学が出会う場所であり、人類の知的冒険の最前線なのです。

Part 1 Our Incredible Universe

★ Timeline of the Birth of the Universe ★

• Planck Era

This is the very first instant after the birth of the universe, lasting up to $1/10^{43}$ of a second. Even modern physics has yet to fully explain this period, so it remains one of the greatest cosmic mysteries. It is believed that space, time, matter, and energy were fused into a single, mysterious state.

• Inflation

Next came the universe's astonishing expansion. In just a tiny fraction of time—up to about $1/10^{32}$ second—the universe grew to an unimaginable scale. How big do you think that was? Over 10^{26} times larger! That's like expanding from the size of a grain of sand to something larger than the entire solar system. When inflation ended, the universe was filled with extremely high-energy heat.

• Quark-Gluon Era

By the time $1/10^{12}$ of a second has passed, the universe began to settle slightly, giving rise to the fundamental particles known as quarks and gluons. These can be thought of as the LEGO bricks of the universe, forming the foundation for all matter that would come later.

• Hadron Era

By the time the universe reached one second, quarks had combined to form protons and neutrons. At the same time, a grand battle between matter and antimatter took place, with the particles destroying each other. The tiny amount of matter that remained went on to form the universe as we know it. We are the result of this miraculous victory.

• Nucleosynthesis

About three minutes after the birth of the universe, it became a vast cosmic

第1部 驚くべき宇宙

★ 宇宙誕生のタイムライン ★

・プランク時代

　宇宙誕生のほんの一瞬、$1/10^{43}$秒までの間です。この時期は現代の物理学でもまだ解明できていない、まさに宇宙の神秘そのものです。空間・時間・物質・エネルギーが一つになった不思議な状態だったと考えられています。

・インフレーション

　次に起こったのは、宇宙の驚異的な膨張です。およそ$1/10^{32}$秒までのわずかな時間で、宇宙は信じられないほど大きくなりました。どれくらい大きくなったと思いますか？　なんと10の26乗倍以上です！　これは、砂粒ほどの大きさから太陽系よりも大きくなるくらいの膨張です。このインフレーションが終わると、極端に高温のエネルギーが宇宙全体に満ちました。

・クォーク・グルーオン時代

　$1/10^{12}$秒までの間、宇宙は少し落ち着きを取り戻し、最も基本的な粒子「素粒子」であるクォークとグルーオンが生まれました。これらは宇宙のレゴブロックのようなもので、後にすべての物質を作り上げる基礎となります。

・ハドロン時代

　1秒までの間に、クォークが結合して陽子や中性子が生まれました。同時に、物質と反物質の壮大な戦いが繰り広げられ、ほとんどが対消滅してしまいました。ここでわずかに残った物質が今の宇宙を作ったのです。私たちは、この奇跡的な勝利の産物なのです。

・原子核合成

　宇宙が誕生して約3分後、宇宙は巨大な化学実験室と化しました。陽子と中

27

Part 1　Our Incredible Universe

laboratory. Protons and neutrons combined to form the atomic nuclei of hydrogen and helium. This process, known as "Big Bang Nucleosynthesis," determined the elemental composition of the universe—roughly 75 percent hydrogen and 25 percent helium, a ratio that remains largely unchanged to this day.

• The Clearing Up of the Universe

About 380,000 years after the Big Bang, the universe cooled further, allowing electrons to combine with atomic nuclei and form neutral atoms. When that happened, the universe suddenly became transparent! The light from this period still exists today as the "cosmic microwave background." Interestingly, about 1 percent of the static on old CRT televisions (white noise) came from this ancient radiation. Isn't it incredible to be able to witness a remnant of the early universe with your own eyes?

• Birth of the First Stars and Galaxies

Hundreds of millions of years later, the first stars finally ignited. These stars gathered to form galaxies, gradually shaping the universe into its present structure. Our own solar system was born within this long cosmic history.

Looking back at the universe's history, it becomes clear just how miraculous our existence is. Every step in this 13.8-billion-year story has led to us. The history of the universe is, in a way, a journey to uncover our own origins.

性子から、水素の原子核とヘリウムの原子核が作られたのです。これは「ビッグバン元素合成」と呼ばれ、今でも宇宙の約75%が水素、約25%がヘリウムという元素の比率は、この時期に決まったのです。

・宇宙の晴れ上がり

　約38万年後、宇宙はさらに冷えて、電子と原子核が結びつき中性の原子が誕生しました。すると突然、宇宙が透明になったのです！　この時期の光は今でも「宇宙背景放射」として観測できます。面白いことに、古いブラウン管テレビの砂嵐（ホワイトノイズ）の約1％は、この光なのです。宇宙の歴史の一端を、自分の目で見ることができるなんて、すごいと思いませんか？

・最初の星と銀河の誕生

　そして数億年後、ついに最初の星が誕生しました。これらの星々が集まって銀河を形成し、現在の宇宙の姿が少しずつ形作られていきました。私たちの太陽系も、この長い歴史の中で生まれたのです。

　宇宙の歴史を振り返ると、私たちの存在がいかに奇跡的なものかがわかります。138億年の壮大な物語の中で、一つひとつのステップが今の私たちにつながっているのです。宇宙の歴史は、まさに私たち自身のルーツを探る旅なのです。

◉ Galaxies

Spiral Galaxy
渦巻銀河

In the vast darkness of space, there are giant collections of stars, gas, and dust known as galaxies. These galaxies come in many shapes and sizes, and they hold countless mysteries.

Galaxies come in three main shapes: spiral, elliptical, and irregular. Think of a **spiral galaxy** as a spinning pinwheel with arms that stretch outward. Our own Milky Way is a spiral galaxy. **Elliptical galaxies**, on the other hand, are like round or oval blobs of stars. **Irregular galaxies** have a more random and scattered appearance.

Scientists have looked into space using powerful **telescopes** to study galaxies. They've found out that galaxies are like families of stars, living together in the same cosmic neighborhood. These stars are born, live their lives, and sometimes even explode in bursts called supernovae. Galaxies also have neighborhoods within them, called **star clusters**. These are groups of stars that are close neighbors and often share a common origin.

Galaxies are not just full of stars. They also contain clouds of gas and tiny bits of dust. These clouds are like space nurseries where new stars are born. Gravity pulls the gas and dust together, and over time, they form into stars.

One important thing scientists have learned is that

第1部 驚くべき宇宙

銀河

　広大な宇宙の闇の中には、銀河と呼ばれる星やガス、塵からなる巨大な集合体が存在します。これらの銀河は多様な形状と大きさを持ち、数えきれないほどの謎を秘めています。

　銀河は主に3つの形状に分類されます：渦巻銀河、楕円銀河、不規則銀河です。**渦巻銀河**は、外側に伸びる腕を持つ回転する風車のような形状です。私たちの天の川銀河もこの渦巻銀河に属します。一方、**楕円銀河**は、球形または楕円形の星の塊のような形状です。**不規則銀河**は、より無秩序で散らばった外観をしています。

　科学者たちは強力な**望遠鏡**を使って宇宙を観察し、銀河を研究してきました。彼らは、銀河が星の家族のようなものであり、同じ宇宙の領域に共存していることを発見しました。これらの星々は誕生し、一生を過ごし、時には超新星と呼ばれる爆発を起こすこともあります。また、銀河には**星団**と呼ばれる「近隣」も存在します。星団は、互いに近くに集まっている星々のグループで、多くの場合、共通の起源を持っています。

　銀河は星だけでなく、ガスの雲や微細な塵の粒子も含んでいます。これらの雲は、まるで宇宙の保育所のように、新たな星が誕生する場所となっています。重力がガスと塵を引き寄せ、長い時間をかけてそれらは星へと姿を変えていくのです。

　科学者たちが解明した重要なことの一つは、銀河が宇宙

銀河の周囲では球状星団 (globular cluster) という天体が公転運動している。数十万個の恒星が互いの重力で球形に密集しており、中心核に向かって非常に密度が高くなっている。

Part 1 Our Incredible Universe

galaxies are not just scattered randomly in space. Instead, they gather together in groups called **galaxy clusters**. These are like cities of galaxies, all held together by gravity. Just as people come together in cities, galaxies gather in clusters, attracting each other with their gravitational pull.

Now, let's think about numbers for a moment. The size of galaxies is measured in **light-years**. A light-year is the distance that light travels in one year. Light moves extremely quickly, traveling at 299,792,458 meters per second in a vacuum. That is fast enough to circle the Earth about 7.5 times in just one second! A typical galaxy is about 30,000 light years across, and galaxies can be incredibly far apart. The nearest galaxy to our Milky Way is called the Andromeda galaxy. It's about 2.5 million light-years away from us.

As we look up at the night sky, we're not just seeing stars but entire galaxies, each with its own stories and mysteries. Galaxies are like the building blocks of the universe, forming its structure and beauty. **Stay curious** and keep looking up at the stars—they're the key to unlocking the secrets of our universe.

Space Fact: The largest known galaxy in the universe is IC 1101, which is about 50 times the size of the Milky Way. It has a diameter of about 6 million light-years and contains about 100 trillion stars. It is located about 1.07 billion light-years away from us.

第1部 驚くべき宇宙

に無秩序に散らばっているわけではないということです。銀河は**銀河団**と呼ばれるグループを形成しています。これらはまるで銀河の都市のようなもので、すべて重力によって結びついています。人々が都市に集まるように、銀河も互いの重力に引き寄せられながら銀河団として集まっているのです。

Galaxy Cluster Abell 2744
アベル2744(パンドラ星団)

次に、数字について少し考えてみましょう。銀河の大きさは「**光年**」で測られます。1光年とは、光が真空中を1年間に進む距離です。光の速度は非常に速く、真空中では秒速299,792,458メートルで進みます。これは1秒間に地球を約7周半もする速さです！ 典型的な銀河の直径は約3万光年あり、銀河同士は信じられないほど遠く離れていることもあります。私たちの天の川銀河に最も近い銀河はアンドロメダ銀河で、私たちから約250万光年の距離に位置しています。

夜空を見上げるとき、私たちは単に星を見ているのではありません。そこには、それぞれが独自の物語と謎を秘めた銀河全体が広がっているのです。銀河は、宇宙の構造と美しさを形作る、宇宙の基本的な構成要素と言えるでしょう。**好奇心を持ち続け**、星空を見上げ続けてください。そこには、宇宙の秘密を解き明かす鍵が隠されているのです。

> **宇宙の豆知識** 現在知られている宇宙最大の銀河はIC 1101で、天の川銀河の約50倍の大きさです。その直径は約600万光年で、約100兆個の星を含んでいます。この巨大銀河は、私たちから約10億7000万光年離れた場所に位置しています。

The Milky Way Galaxy

Imagine looking up at the night sky, and among the stars, you find a **glowing band** stretching across the darkness. That bright band is our home in the universe—the **Milky Way galaxy**. Let's uncover some fascinating facts about this vast cosmic neighborhood.

The Milky Way is like a giant city of stars, gas, and dust, and it's the place where we live. It's so big that if you could somehow travel at the speed of light it would take you about 100,000 years to go **from one end to the other**.

Speaking of speed, the Milky Way is spinning incredibly fast. Our solar system, which is about 26,100 light years away from the center of the Milky Way Galaxy, is spinning at a speed of 240 kilometers per second relative to the center of the Milky Way Galaxy. Imagine if you could watch the Milky Way from above. You would see that it is moving like the hands of a giant clock. Although it is amazingly fast moving, it takes around 250 million years for our galaxy to **complete a single spin**. That's much longer than dinosaurs lived on the Earth!

The Milky Way Galaxy
天の川銀河

天の川銀河

　夜空を見上げると、星々の間に暗闇を横切る**輝く帯**が見えることがあります。その明るい帯こそが、私たちの宇宙における家、**天の川銀河**です。この広大な宇宙の近隣について、いくつかの興味深い事実を見ていきましょう。

　天の川銀河は、星やガス、塵が集まった巨大な都市のような存在で、私たちが住んでいる場所です。あまりに広大で、もし光の速さで移動できたとしても、**端から端まで**進むのに約10万年ほどかかります。

　速さについて言えば、天の川銀河は驚くほど速く回転しています。天の川銀河の中心から約2万6100光年離れた私たちの太陽系は、天の川銀河の中心に対して秒速240キロメートルで回っているのです！　もし上空から天の川銀河を眺めたなら、それが巨大な時計の針のようにゆっくりと動いているのが見えるでしょう。信じられないほど速く動いていますが、銀河が**1回転する**には約2億5000万年もかかります。これは恐竜が地球に生息していた期間をはるかに上回る長さなのです！

天の川銀河には少なくとも2000～4000億の恒星が含まれていると推定される。

Part 1 Our Incredible Universe

Our **sun** is just one of the many stars swirling around in the Milky Way. Think of stars as the city lights, and we're like a tiny glow among them. We're located about halfway from the center of the Milky Way to its edge. This place is called the **Orion Arm**, and it's like a cozy suburb of our galactic city.

The Milky Way has a family of stars known as **constellations**. These are groups of stars that people long ago imagined as shapes of animals, objects, and heroes. They're like celestial stories that fill our night sky. **Orion** the Hunter, **Ursa Major** the Great Bear, and **Cygnus** the Swan are some of the characters in this starry tale.

But there's more to the Milky Way than just stars. It has its own traffic jams—highways of gas and dust stretching across space. These are called **nebulae**, and they're like clouds where new stars are born. Imagine these nebulae as cosmic construction sites, where stars are shaped over millions of years.

Nebula NGC 604
NGC 604(さんかく座銀河のHⅡ領域)

As we look at the night sky, we're seeing just a tiny part of the Milky Way. Our eyes can't capture the whole **grandeur**, but telescopes can. They've shown us that our galaxy is not alone—there are billions of other galaxies out there in the universe.

The Milky Way is a place of wonder and discovery, where stars are born,

第1部 驚くべき宇宙

　私たちの**太陽**は、天の川銀河の中で渦巻く無数の星々の一つに過ぎません。星々を都市の灯りに例えるなら、私たちはその中のほんの小さな光のような存在です。私たちは天の川銀河の中心から端までのちょうど中間地点に位置しており、この場所は「**オリオン腕**」と呼ばれています。これは、私たちの銀河都市における居心地の良い郊外のような場所です。

　天の川銀河には、**星座**として知られる星々の「家族」があります。これらは、古代の人々が動物や物、英雄などの姿に見立てた星々の集まりです。それらは夜空を彩る天空の物語のようです。**オリオン座**(猟師)、**おおぐま座**(大熊)、**はくちょう座**(白鳥)などが、この星空の物語の登場人物たちです。

　しかし、天の川銀河には星だけではなく、他にもたくさんのものがあります。宇宙空間を横断するガスや塵の「高速道路」のようなものがあり、これらは**星雲**と呼ばれています。星雲は、新しい星が誕生する宇宙の建設現場のような場所です。何百万年もの時間をかけて、これらの星雲の中で新たな星が形作られていきます。

　夜空を見上げるとき、私たちが目にしているのは天の川銀河のほんの一部にすぎません。私たちの目ではその**壮大さ**全体を捉えることはできませんが、望遠鏡を使えばその全貌を捉えることができます。望遠鏡によって、私たちの銀河が宇宙で孤立した存在ではなく、何十億もの他の銀河が宇宙に広がっていることが明らかになりました。

　天の川銀河は、驚きと発見に満ちた場所です。ここでは星々が生まれ、一生を過ごし、時には光の爆発とともに消

地球から見た帯状の姿を「天の川」といい、日本では夏の夜に最もよく見え、特に七夕の時期には織姫星(こと座のベガ)と彦星(わし座のアルタイル)が際立つ。

Part 1 Our Incredible Universe

live their lives, and sometimes even explode in bursts of light. It's like a cosmic theater where the drama of the universe unfolds. And even though it might seem distant and unreachable, it's our very own home, part of the amazing tapestry of the cosmos.

So, the next time you gaze up at the night sky and see the Milky Way, remember that you're looking at a tiny piece of a giant city of stars and mysteries.

Space Fact: The Milky Way has a supermassive black hole at its center, called Sagittarius A*. It has a mass of about 4 million times that of the sun and a diameter of about 22 million kilometers!

第 1 部 驚くべき宇宙

えていきます。まさに、宇宙のドラマが展開される壮大な劇場のようです。たとえ遠く、手の届かない存在に思えても、それは私たち自身の家であり、宇宙という驚くべきタペストリーの一部なのです。

ですから、次に夜空を見上げて天の川を見たときは、無数の星々と謎に満ちた巨大な都市の一部を見ているのだということを思い出してください。

宇宙の豆知識　天の川銀河の中心には「いて座A*」と呼ばれる超巨大ブラックホールがあります。その質量は太陽の約400万倍、直径は約2200万キロメートルもあります！

Sagittarius A*
いて座A*

Part 1 Our Incredible Universe

Black Holes: The Universe's Ultimate Mystery

Have you ever heard of black holes, the most mysterious and fascinating objects in the universe? Let's embark on a journey to explore these incredible cosmic phenomena!

What Is a Black Hole?

A black hole is like a giant vacuum cleaner in space. Its gravity is so strong that not even light can escape! Since we can't observe black holes directly, scientists detect them by studying the motion of nearby stars and gas.

How Do Black Holes Form?

Black holes are created in three main ways:

1. The Death of a Massive Star: When an enormous star reaches the end of its life, it collapses under its own gravity, sometimes forming a black hole. This is called a stellar-mass black hole.
2. Growth at the Center of a Galaxy: At the cores of most galaxies lie supermassive black holes (SMBH). Scientists are unsure if they form from the death of massive stars, from the collapse of massive gas clouds, from the merger of star clusters, or if they somehow formed right after the Big Bang. These monsters likely formed and grew alongside their galaxies over billions of years.

3. Collisions Between Black Holes: Recent discoveries show that smaller black holes can merge. This process results in the formation of even more massive intermediate-mass black holes.

第 1 部　驚くべき宇宙

ブラックホール──宇宙の究極の謎

　宇宙の中で最も不思議で魅力的な天体、ブラックホールについて聞いたことがありますか？　ここでは、この "ブラックホール" という宇宙における驚くべき存在について、探求の旅に出かけましょう！

ブラックホールとは何か？

　ブラックホールは、まるで宇宙の掃除機のような存在です。その重力は極めて強く、光さえも逃げ出せません！　直接観測することはできませんが、周りの星やガスの動きを観察することで、その存在を確認できるのです。

どうやって形成されるのか？

　ブラックホールは主に 3 つの方法で生まれます。

1. 巨大な星の最後：とても大きな星が寿命を迎えると、自分の重さに耐えきれずに重力崩壊を起こしてしまい、ブラックホールになることがあります。これを恒星質量ブラックホールといいます。
2. 銀河の中心で成長：ほとんどの銀河の中心には、とてつもなく大きな、超大質量ブラックホールが存在するとされています。しかし、これらがどのようにして形成されたのか、まだはっきりとはわかっていません。大質量星の終焉によるものなのか、巨大なガス雲の崩壊によるものなのか、あるいは星団の合体によって形成されたのかもしれません。また、ビッグバンの直後に誕生した可能性もあります。これらのブラックホールは、おそらく数十年にわたり、銀河とともに成長してきたと考えられています。
3. ブラックホール同士のぶつかり合い：最近の観測で、小型のブラックホール同士が合体する現象も見つかっています。これにより、さらに質量の大きな中間質量ブラックホールが誕生します。

The Strange Structure of Black Holes

Black holes have several fascinating components:

- Event Horizon: This is like the "entrance" to a black hole. Once any-thing—light or matter—crosses this boundary, it can never return.
- Singularity: A strange region at the center of a black hole where the laws of physics as we know them break down.
- Photon Sphere: A zone around the black hole where light orbits in circles. Like a cosmic roller coaster, photons can loop around multiple times.
- Accretion Disk: A superheated (millions of degrees) disk of gas and dust surrounding the black hole. It emits X-rays, providing key clues for observing black holes.

How do scientists find black holes if they're invisible?

Here are several ingenious methods scientists use to study black holes:

• X-ray Observations

Around a black hole, there is a superheated, swirling disk called an "accretion disk." Scientists observe the X-rays emitted from this disk using telescopes with complex names like Chandra and XMM-Newton. It's almost like taking an X-ray of the universe.

ブラックホールの不思議な構造

ブラックホールには、いくつかの面白い部分があります。

- 事象の地平線：これは、ブラックホールの「入り口」のようなもの。ここを越えると、光や物質はもう二度と戻ってこられません。
- 特異点：ブラックホールの中心にある、とても不思議な場所。ここでは、私たちの知っている物理法則が通用しなくなります。
- 光子球：ブラックホールの周りには、光が円を描いて回る領域があります。まるでジェットコースターのように、何周も周回することができます。
- 降着円盤：ブラックホールの周りに集まったガスや塵が作る、超高温（数百万度）の円盤です。これがX線を放出しており、ブラックホールを観測する手がかりになっています。

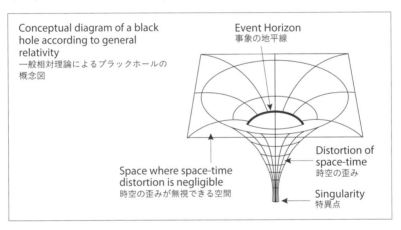

直接見ることはできないのに、どうやって見つけるのか？

科学者たちが使う驚きの方法をご紹介します。

・X線で見る宇宙の熱い渦

ブラックホールの周りには、とても熱い「降着円盤」という渦があります。この渦が放出するX線を、科学者たちはChandraやXMM-Newtonという難しい名前の望遠鏡を使って観測しています。まるで宇宙のレントゲン写真を撮っているようですね。

Part 1 Our Incredible Universe

• **Gravitational Lensing**

A black hole's gravity is so strong that it bends light itself. When light from distant stars passes by a black hole, it appears distorted, as if seen through a strange lens. This phenomenon is called "gravitational lensing."

• **Listening to Gravitational Waves**

Using special instruments like LIGO (Laser Interferometer Gravitational-Wave Observatory) and VIRGO (Virgo Interferometer), scientists can detect "gravitational waves" produced when black holes collide.

• **Photographing a Black Hole's Shadow**

In 2019, scientists from around the world worked together to capture the first-ever image of a black hole's "shadow." Using a special telescope called the Event Horizon Telescope (EHT), they successfully observed the black hole at the center of the galaxy M87!

Are black holes really "black"?

Interestingly, black holes might not be completely "black." According to a theory based on quantum mechanics, black holes are predicted to emit energy, although it's just a tiny amount. This is called "Hawking Radiation," and was proposed by the famous scientist Stephen Hawking. Due to this radiation, black holes may gradually shrink and eventually disappear. However, this process is incredibly slow, so it will have almost no impact within the lifetime of our universe.

Black holes are astonishing celestial objects that have drastically changed our understanding of the universe. Even though we can't see them directly, scientists can confirm their existence using intelligence and cutting-edge technology. Their mysteries continue to captivate researchers. The universe is still full of wonders beyond our imagination!

第1部 驚くべき宇宙

・宇宙のレンズ効果

　ブラックホールの重力はとても強く、光さえも曲げてしまいます。遠くの星の光がブラックホールを通ると、まるで不思議なレンズを通したように歪んで見えるのです。これを「重力レンズ効果」と呼びます。

・宇宙の波を聴く

　LIGO（ライゴ：レーザー干渉計重力波観測所）やVIRGO（ビルゴ干渉計）という特別な装置を使うと、ブラックホール同士がぶつかるときに出る「重力波」を感じ取ることができます。

・ブラックホールの影を撮る

　2019年、世界中の科学者たちが協力して、初めてブラックホールの「影」を撮影することに成功しました。イベント・ホライズン・テレスコープ（EHT）という特別な望遠鏡を使って、M87という銀河の中心にあるブラックホールの姿を捉えたのです！

ブラックホールは本当に「黒い」のか？

　面白いことに、ブラックホールは完全に「黒い」わけではないかもしれません。量子力学に基づく理論によると、ブラックホールはほんのわずかですが、エネルギーを放出すると予測されています。これは「ホーキング放射」と呼ばれ、有名な科学者スティーヴン・ホーキング博士が考えた理論です。この放射によって、ブラックホールは少しずつ小さくなり、最後には消えてしまうかもしれません。ですが、このプロセスはとてもとても遅いので、私たちの宇宙の寿命の間には、ほとんど影響がないのです。

　ブラックホールは、私たちの宇宙観を大きく変えた驚くべき天体です。直接見ることはできなくても、科学者たちの知恵と最新技術を使えば、その存在を確かめることができます。その謎は今も科学者たちを魅了し続けています。宇宙にはまだまだ私たちの想像を超える不思議がたくさん隠れているのです！

Our Galactic Neighbors

Beyond our familiar Milky Way lie other galaxies. These galactic neighbors, though distant, offer glimpses into the vastness of the universe.

One such neighbor is the **Andromeda Galaxy**. It is the largest galaxy in the **Local Group**, a collection of about 54 galaxies that are gravitationally bound to each other. It is also the closest major galaxy to the Milky Way, at a distance of about 2.5 million light-years. It is much larger than our galaxy, with a **diameter** of about 220,000 light-years. It contains about one trillion stars, which is about twice as many stars as the Milky Way galaxy.

The Andromeda galaxy is moving toward the Milky Way galaxy at a speed of about 250 kilometers per second. In about 4.5 billion years, the two galaxies are expected to collide and merge into a single, giant galaxy. The **collision** will be a violent event, but it is also likely to trigger a period of intense star formation.

The Andromeda Galaxy
アンドロメダ銀河

銀河の隣人たち

　私たちになじみ深い天の川銀河の向こうには、他の銀河が存在します。これらの銀河の隣人たちは遠く離れていますが、宇宙の広大さを垣間見せてくれます。

　そのような隣人の一つが**アンドロメダ銀河**です。アンドロメダ銀河は、互いに重力で結びついた約54の銀河からなる「**局所銀河群**」の中で最大の銀河です。また、天の川銀河から約250万光年の距離にある、最も近い主要な銀河でもあります。アンドロメダ銀河は天の川銀河よりもはるかに大きく、**直径**は約22万光年、約1兆個の星を含んでおり、これは天の川銀河の星の数のおよそ2倍に相当します。

　アンドロメダ銀河は、秒速約250キロメートルの速さで天の川銀河に向かって接近しています。約45億年後には、これらの銀河は衝突して1つの巨大な銀河に合体すると予測されています。この**衝突**は非常に激しい現象となるでしょうが、同時に活発な星形成の時期が引き起こされる可能性もあります。

銀河同士は互いの重力によって衝突しても、恒星同士がぶつかることはほとんどない。

Part 1 Our Incredible Universe

Closer to home, there are the **Large and Small Magellanic Clouds**. These aren't clouds as we imagine them, but galaxies **orbiting** around the Milky Way. They are quite the sight in the **southern hemisphere**'s night sky. These galaxies are much smaller than ours, and they're named after the explorer Ferdinand Magellan who spotted them during his travels.

Large and Small Magellanic Clouds
大マゼラン雲(右)と小マゼラン雲(左)

Space Fact: The Sagittarius Dwarf Spheroidal Galaxy is located about 70,000 light-years from Earth. It is currently in the process of being torn apart by the gravitational forces of the Milky Way and has already lost a significant portion of its stars.

より身近な銀河には、**大マゼラン雲**と**小マゼラン雲**があります。これらは、私たちが想像するような雲ではなく、天の川銀河の周りを**公転している**銀河です。**南半球**の夜空では非常に美しい光景を見せてくれます。これらの銀河は天の川銀河よりもはるかに小さく、探検家フェルディナンド・マゼランが航海中に観測したことからその名前が付けられました。

Ferdinand Magellan
フェルディナンド・マゼラン(1480–1521)

> **宇宙の豆知識**　いて座矮小楕円銀河は地球から約7万光年の距離にあります。この銀河は現在、天の川銀河の重力によって引き裂かれる過程にあり、すでに数多くの星々を失っています。

Stars and Black Holes

Every galaxy is made up of stars. They're like cosmic furnaces, producing heat and light through a process called **nuclear fusion**. This happens when hydrogen atoms join together, creating helium and releasing an immense amount of energy. Our sun is one such star, a ball of fire that warms our home planet.

Stars have their own life cycles. They are born from massive clouds of gas and dust. **Gravity** pulls these materials together, and when they become dense enough, nuclear fusion ignites, giving birth to a star.

As stars age, they change. Some grow bigger and become **red giants**, while others become smaller and cooler, turning into **white dwarfs**. In time, massive stars explode in an event called a supernova. These explosions can shine brighter than entire galaxies for a short while. What remains after a supernova is often a **neutron star**, where the star's mass is packed into a city-sized sphere.

Imagine a place where gravity is so strong that even light cannot escape—that's a **black hole**. When a massive star's core collapses under gravity's grip, it forms a black hole. These mysterious objects have such intense gravity that they **warp** space and time around them. Black holes might sound like science fiction, but they are real wonders in the cosmos.

Stars also have a color story to tell. The color of a star

星とブラックホール

すべての銀河は星々から成り立っています。星々は、**核融合**という過程を通じて熱と光を生み出す、宇宙の炉のような存在です。核融合は、水素原子核が結びついてヘリウム原子核を作り出し、膨大なエネルギーを放出する際に起こります。私たちの太陽もそのような恒星の一つであり、地球を温めています。

星々にはそれぞれ固有のライフサイクルがあります。星はガスと塵からなる巨大な雲から誕生します。**重力**がこれらの物質を引き寄せ、それが十分な密度に達すると核融合が始まり、新たな星が生まれるのです。

星は年月を重ねるにつれて変化します。一部の星は膨張して**赤色巨星**となり、別の星は縮小して冷えて**白色矮星**へと変わります。そして時間が経つと、巨大な星は超新星と呼ばれる爆発を起こします。この爆発は短時間ながら、時に銀河全体よりも明るく輝くことがあります。超新星の後には、**中性子星**が残ることがあり、その星の質量は都市サイズの球体に圧縮されています。

重力があまりにも強く、光さえも逃げられない場所を想像してみてください。それが**ブラックホール**です。巨大な星の中心部が重力崩壊を起こすと、ブラックホールが形成されます。これらの謎に満ちた天体は、非常に強い重力を持ち、周囲の時空を**歪めます**。ブラックホールは、SFのように思えるかもしれませんが、実際には宇宙に存在する驚異的な現象なのです。

星々には、色で語る物語もあります。星の色はその表面

ブラックホールとは逆に、物質を放出する「ホワイトホール(white hole)」という仮説上の天体の存在が示唆されている。

Part 1 Our Incredible Universe

depends on its temperature. Cooler stars appear red, warmer ones shine yellow like our sun, and the hottest stars blaze with a brilliant blue hue. These colors reveal what they are like inside and help **astronomers** learn more about the stars' lives.

One curious fact is that some of the stars we see in the sky might not actually exist anymore. Light takes time to travel, even from stars. So, when we look up at the night sky, we're often seeing stars as they were in the past. The light from the closest star to Earth, **Proxima Centauri**, takes more than four years to reach us.

Proxima Centauri
プロキシマ・ケンタウリ

Space Fact: One teaspoon of a neutron star would weigh about 1 billion tons on Earth.

52

第1部　驚くべき宇宙

温度によって決まります。冷たい星は赤く見え、より温かい星は私たちの太陽のように黄色く輝き、最も高温の星は鮮やかな青色に燃え輝きます。これらの色は星の内部の状態を示しており、**天文学者たちが星々の生涯を解明するうえで重要な手がかりとなっています。**

　興味深い事実として、夜空に見える星の中には、すでに存在していないものもあるかもしれません。光が星から地球に到達するまでに時間がかかるため、私たちが夜空を見上げるとき、しばしば過去の星の姿を目にしていることになります。太陽を除いて地球に最も近い恒星である**プロキシマ・ケンタウリ**からの光は、私たちに届くまでに4年以上かかるのです。

最新の研究では、地球から見える宇宙の平均的な色は「コズミックラテ (cosmic latte)」と呼ばれる薄いベージュ色とされている。

　宇宙の豆知識　中性子星の小さじ1杯分の質量は、地球上の質量で約1兆キログラムに相当します。

Part 1 Our Incredible Universe

Secrets of the Night Sky: From Stars to Meteorites

Have you ever looked up at the night sky and been captivated by the twinkling stars? Here, we'll explore these celestial gems—more precisely, "stars" (stellar objects)—and uncover their fascinating secrets.

The Lifespan of Stars

Interestingly, the lifespan of a star varies greatly depending on its mass (size):

- Medium-mass stars (like the sun): About 10 billion years
- Low-mass stars (red dwarfs, 0.1–0.5 times the sun's mass): Trillions of years!
- High-mass stars (more than 10 times the sun's mass): Millions to tens of millions of years

Smaller stars live longer. Even in space, being compact seems to be the key to efficiency!

Types of Stars

Stars are classified based on their surface temperature, following a system called spectral types. The order is O, B, A, F, G, K, M—try to remember that!

- O-type: Extremely hot, blue-white stars (e.g., Zeta Orionis)
- B-type: Very hot, blue stars (e.g., Rigel)
- A-type: White stars (e.g., Sirius)
- F-type: Yellow-white stars (e.g., Procyon)
- G-type: Yellow stars (Our sun is in this category!)
- K-type: Orange stars (e.g., Aldebaran)
- M-type: Red stars (e.g., Betelgeuse)

第1部 驚くべき宇宙

夜空の秘密——星たちから隕石まで

　皆さんは夜空を見上げたとき、きらきら輝く星たちに魅了されたことはありませんか？　ここでは、その星たち、正確には「恒星」と呼ばれる宇宙の宝石たちについてお話しします。

星の寿命
　面白いことに、星の寿命は質量（大きさ）によって大きく異なります。
・太陽くらいの中質量星：約100億年
・赤色矮星（太陽の0.1〜0.5倍の低質量星）：なんと数兆年以上！

・大質量星（太陽の10倍以上）：数百万年〜数千万年

　小さな星ほど長生きなのです。宇宙でも、コンパクトな方が効率がいいみたいですね。

星の種類
　星は、表面温度によっていろいろな種類に分けられます。科学者たちは、これを「スペクトル型」と呼んでいます。OBAFGKMという順番で覚えてみてください。

・O型：超高温の青白い星（例：ゼータ・オリオニス）
・B型：とても熱い青い星（例：リゲル）
・A型：白い星（例：シリウス）
・F型：黄白色の星（例：プロキオン）
・G型：黄色い星（私たちの太陽もこのタイプ！）
・K型：オレンジ色の星（例：アルデバラン）
・M型：赤い星（例：ベテルギウス）

O-type and B-type stars are very large and hot, but they have short lifespans. Their existences are brilliant and may end their lives in a massive explosion (a supernova). G-type stars, like the sun, are well-balanced and long-lived. They have the potential to host planets where life could exist. M-type stars are small, cool, and extremely long-lived.

The Life Cycle of a Star

Have you ever wondered what kind of lives the stars lead? In fact, stars go through various stages from birth to their final moments.

• Main Sequence Stars

First, there is the "main sequence" stage, where a star spends most of its life. This phase is like a star's teenage to adult years. It undergoes nuclear fusion, using hydrogen nuclei as fuel, and shines steadily. Our sun is currently in this stage!

• Giant and Supergiant Stars

As stars age, they start to swell a bit. This is the "giant" or "supergiant" phase. Their outer layers expand, and they may turn red. Betelgeuse is a well-known example of this stage.

• White Dwarfs

A star that has finished nuclear fusion and used up its fuel eventually becomes a "white dwarf." It becomes small but remains extremely hot and dense. Sirius B is an example of a star in this stage.

• Neutron Stars and Black Holes

Massive stars may end their lives in a giant explosion and become "neutron stars." Even larger stars collapse into "black holes." These are some of the most extraordinary objects in the universe.

第1部 驚くべき宇宙

　O型とB型の星はとても大きくて熱いけれど、寿命が短いです。華々しく生きて、最後は大爆発（超新星爆発）を起こすかもしれません。太陽などのG型はバランスの取れた星で、長寿命です。生命が存在しうる惑星を持つ可能性があります。M型の星は小さくて冷たく、とても長生きです。

星たちの一生

　星がどんな生涯を送っているのか、想像したことはありますか？　実は、星たちにも誕生から最期まで、さまざまな段階があるのです。

・主系列星

　まず、星の人生の大半を過ごす「主系列星」の時期です。これは星のティーンエイジャーから大人の時期みたいなものです。水素原子核を燃料として核融合を行い、安定して輝いています。私たちの太陽もこの時期です！

・巨星・超巨星

　星も年をとると、少し太ってきます。これが「巨星」や「超巨星」の時期です。外側が膨張して、赤くなったりします。ベテルギウスという星がその代表例です。

・白色矮星

　核融合を終えて燃料を使い果たした星は、最後は「白色矮星」になります。小さくなるけれど、とても熱くて密度が高いです。シリウスBという星がこの時期です。

・中性子星とブラックホール

　大きな星は、最後に大爆発を起こして「中性子星」になることがあります。さらに大きな星は「ブラックホール」になってしまいます。これらは、宇宙の中でも特別な存在なのです。

Part 1 Our Incredible Universe

Other Celestial Objects in the Universe

Apart from stars, space is filled with fascinating objects.

• Planets

A planet is a celestial body that orbits a star and meets the following conditions (as defined by the International Astronomical Union, IAU):

- It orbits a star.
- It has enough mass for its gravity to make it spherical.
- It has cleared its orbital path of other debris.

Our solar system has eight planets:

Planet	Diameter (km)	Mass (Earth = 1)	Key Features
Mercury	4,879	0.055	Rocky, extreme temperature changes
Venus	12,104	0.815	Thick CO_2 atmosphere, extreme greenhouse effect
Earth	12,742	1.000	Supports life
Mars	6,779	0.107	Red appearance, thin atmosphere
Jupiter	139,820	317.8	Largest planet, gas giant
Saturn	116,460	95.2	Iconic ring system
Uranus	50,724	14.5	Tilted axis, rotates on its side
Neptune	49,244	17.1	Strong winds, deep blue color

Planets are further categorized into:

- Terrestrial planets (rocky planets): **Mercury, Venus, Earth, Mars**
- Jovian planets (giant planets): **Jupiter, Saturn, Uranus, Neptune**

• Moons (Natural Satellites)

A satellite is a celestial body that orbits a planet or a dwarf planet. "Natural satellites" include Earth's moon and Jupiter's Galilean moons (Io, Europa, Ganymede, and Callisto), while "artificial satellites" are human-made objects launched for communication and observation. Here are some notable satellites:

第1部 驚くべき宇宙

宇宙のさまざまな天体たち

自ら光り輝く「恒星」以外にも、宇宙にはたくさんの面白い天体があります。

・惑星

惑星とは、恒星の周りを公転する天体のうち、次の惑星の条件（国際天文学連合：IAUの定義）を満たすものです。

・恒星を公転している

・十分な質量を持ち、自己重力によって球形を維持している

・軌道周辺の他の天体を排除している（軌道を独占している）

太陽系には次の8つの惑星があります。

惑星	平均直径 (km)	質量(地球 = 1)	主な特徴
水星	4,879	0.055	岩石質、気温差が激しい
金星	12,104	0.815	厚い二酸化炭素の大気、温室効果が極端
地球	12,742	1.000	生命が存在
火星	6,779	0.107	赤い色、薄い大気
木星	139,820	317.8	太陽系最大、ガス惑星
土星	116,460	95.2	美しいリングを持つ
天王星	50,724	14.5	横倒しの自転軸
海王星	49,244	17.1	強い風が吹く青い惑星

さらに大きく分類すると

・地球型惑星（岩石惑星）…**水星・金星・地球・火星**

・木星型惑星（ガス惑星）…**木星・土星・天王星・海王星**

・衛星

衛星は、惑星や準惑星の周りを公転する天体です。「天然衛星」は、地球の月、木星のガリレオ衛星（イオ・エウロパ・ガニメデ・カリスト）などで、「人工衛星」は、人類が打ち上げた通信・観測用の人工天体です。代表的な衛星を挙げます。

Part 1 Our Incredible Universe

- The moon (Earth's satellite): Influences Earth through tidal forces.
- Io (Jupiter's moon): Has active volcanoes.
- Europa (Jupiter's moon): Might have liquid water beneath its icy crust.
- Titan (Saturn's moon): Has lakes of liquid methane.

• Meteors and Meteorites

A meteor is a phenomenon where small particles from space enter Earth's atmosphere and burn up, commonly known as a "shooting star." If a meteor does not completely burn up and reaches the surface, it is called a meteorite.

• Nebulae (Star-Forming Clouds)

In interstellar space, gas and dust—known as the interstellar medium—can gather to form nebulae. These structures appear cloud-like when observed through telescopes, which is why they are called nebulae. Here are some major types of nebulae and examples:

- Emission Nebulae – e.g., Orion Nebula (M42)
- Dark Nebulae – e.g., Horsehead Nebula
- Planetary Nebulae – e.g., Ring Nebula

• Neutron Stars and Pulsars

After a massive star undergoes a supernova explosion, the extremely dense remnant is called a neutron star. As the name suggests, neutron stars are composed mostly of neutrons. A neutron star that emits electromagnetic waves while rotating at high speed is called a pulsar.

The next time you look up at the night sky, remember that we are part of this incredible universe. Space is still full of mysteries beyond our imagination. It's exciting to think about what discoveries lie ahead!

第1部 驚くべき宇宙

・月（地球の衛星）：潮汐作用で地球に影響を与える。
・イオ（木星の衛星）：活発な火山活動がある。
・エウロパ（木星の衛星）：地下に液体の水がある可能性。
・タイタン（土星の衛星）：メタンの海を持つ。

・流星

　流星は、宇宙の小さな粒子が大気に突入して燃える現象で「流れ星」ともいいます。流星のうち、燃え尽きずに地表に落下したものが「隕石」です。

・星雲

　星間空間にはガスや塵などの星間物質が存在し、星間物質が集まって星雲を形成します。望遠鏡で観測すると雲のように見えることから星雲と呼ばれています。代表的な星雲の種類とその例を挙げます。

・散光星雲…オリオン大星雲（M42）など
・暗黒星雲…馬頭星雲など
・惑星状星雲…リング星雲など

・中性子星

　大質量星の超新星爆発後に残る、極めて密度の高い天体を「中性子星」と呼びます。中性子星は、その名の通り、ほとんど中性子でできています。高速回転しながら電磁波を発する中性子星を「パルサー」といいます。

　次に夜空を見上げるとき、私たちがこんな素晴らしい宇宙の一部だということを思い出してください。宇宙はまだまだ私たちの想像を超える不思議でいっぱいです。これからどんな発見があるか、とてもワクワクしますね！

Part 1 Our Incredible Universe

◉ Exoplanets

Until very recently, no one knew for sure if the other stars outside our solar system had planets orbiting them. It was not until 1992 that the existence of an **exoplanet** was proven. In that year, two planets, **Poltergeist** and **Phobetor** were found orbiting a star called PSR B1257+12. Since then, we have found many more exoplanets by using different methods and tools. Some of these ways are watching the star's light **get dimmer** when the planet goes in front of it, watching the star move back and forth because of the planet's gravity, watching the star's light get brighter when the planet goes behind it or reflects its light, and watching the star's light get bent by the planet's gravity when they line up with us.

Now, there are over 5,000 confirmed exoplanets. One very common type is called a **hot Jupiter**. These are gas giant planets that are similar to Jupiter in size and mass, but much hotter and closer to their stars. They orbit their stars in just a few days or even hours, and have surface temperatures of thousands of degrees Celsius. They are also exposed to intense **radiation** and wind from their stars, which can strip away their atmospheres or make them glow.

Another common variety is called a **super Earth**. These are **rocky planets** that are larger than Earth but smaller than **Neptune**. They can have masses between two and

第1部 驚くべき宇宙

太陽系外惑星

　ごく最近まで、私たちの太陽系外の恒星に惑星が存在するかどうかは誰も確実には知りませんでした。**系外惑星**の存在が証明されたのは1992年になってからのことです。その年、**ポルターガイストとポベートール**という2つの惑星が、PSR B1257+12という星の周りを公転していることが発見されました。それ以来、さまざまな手法と観測機器を使って、さらに多くの系外惑星が発見されています。方法の一例としては、惑星が恒星の前を通過する際に恒星の光が**暗くなる**のを観察すること、惑星の重力によって恒星が前後に動くのを測定すること、惑星が恒星の後ろを通過する際に光が明るくなる現象を観察すること、または惑星と恒星が一直線に並んだときに光が曲がる現象を観測することなどがあります。

　現在、確認されている系外惑星は5000個以上にのぼります。その中でも特に一般的なタイプの一つが「**ホットジュピター**」と呼ばれるものです。これらは木星と同程度の大きさと質量を持つ巨大ガス惑星ですが、非常に高温で恒星に近い軌道を回っています。これらの惑星は数日、あるいは数時間で恒星を一周し、表面温度は数千度にも達します。また、強烈な**放射線**や恒星風によって大気が剥ぎ取られたり、惑星自体が発光したりすることもあります。

　もう一つの一般的なタイプは「**スーパーアース**」と呼ばれる**岩石惑星**です。スーパーアースは地球よりも大きく、**海王星**より小さい惑星で、質量は地球の2倍から10倍の範

太陽系外惑星の名称は、国際天文学連合(IAU) が行っている「NameExoWorlds」というキャンペーンによって公募された中から選定されている。「ポルターガイスト」という固有名は、特定の場所や人物に発生する、通常では説明できない現象や心霊現象の一種から由来する。

Part 1 Our Incredible Universe

ten times that of Earth. They can have different orbits and temperatures, depending on how far they are from their stars and how much heat they receive. Some super Earths may have thick atmospheres, **oceans**, or even life, while others may be dry, **barren**, or frozen. Super Earths are also very common in the galaxy, and they were first discovered in 2005. The first super Earth ever found was Gliese 876d, which is about 7 times as massive as Earth but only 1.2 times as big. It orbits its star every two days at a distance of only 3 million kilometers, which is 10 times closer than **Mercury** is to the sun.

In 2014, another super Earth called Kepler 186f was discovered. It is similar in size to Earth and is close enough to its sun that it is even possible that there is life on it.

Although the study of exoplanets is extremely difficult because of the huge **interstellar distances** involved are becoming an important new field in the study of astronomy.

> **Space Fact:** An exoplanet called 55 Cancri e is believed by some scientists to have a core made of diamond! On another planet, HD 189733 b, it rains glass sideways.

第1部 驚くべき宇宙

囲に及びます。これらの惑星は恒星からの距離や受ける熱量に応じて、異なる軌道や温度を持つことがあります。一部のスーパーアースは厚い大気や**海洋**を有し、生命が存在する可能性もありますが、他のものは乾燥して**不毛**であったり、凍結していたりすることもあります。スーパーアースは銀河系でも非常に一般的で、2005年に初めて発見されました。最初に発見されたスーパーアースは「グリーゼ876d」で、質量は地球の約7倍ですが、大きさは地球の1.2倍程度です。この惑星は2日周期で恒星を一周し、恒星からの距離はわずか300万キロメートルです。これは、**水星**と太陽との距離の約10分の1に相当します。

2014年には、ケプラー186fというスーパーアースが発見されました。この惑星は地球に近いサイズで、恒星から適度な距離にあり、生命が存在する可能性もあると考えられています。

系外惑星の研究は、膨大な**星間距離**が関わるため非常に困難を伴いますが、天文学において重要な新しい研究分野として発展しつつあります。

天文学では、星間距離を「光年」や「天文単位(au)」で表すことが多い。1光年は約9.46兆km。1天文単位は 約1億5000万kmで、地球と太陽の間の平均距離にほぼ等しい。

宇宙の豆知識　55 Cancri eという系外惑星は、ダイヤモンドでできた層があると言われています！　また、別の惑星HD 189733 bでは、ガラスの粒子が横向きに降る雨のような現象が観測されています。

Part 2

Our Solar System

第 2 部

私たちの太陽系

Part 2 Our Solar System

Birth of the Solar System

About 4.5 billion years ago, there was nothing in this area of space but a swirling cloud of gas and dust, or **nebula**, mostly made up of hydrogen and helium. This nebula was slowly rotating. As it rotated, it began to collapse due to its own gravity. The collapse caused the nebula to heat up. The center of the nebula became so hot that **nuclear fusion reactions** began.

Nuclear fusion is a process that combines two or more atoms to form a heavier atom. The hydrogen atoms began fusing together to form helium atoms. This process releases a lot of energy.

From this collapse, our sun was born. The sun shone with extremely high temperatures, emitting incredible amounts of light and heat and warming its surroundings.

There were many tiny **particles** floating around the newly born sun. These were **leftovers** from the swirling cloud that hadn't been sucked into the sun.

Slowly, over a lot of time, these bits started sticking together, forming larger and larger pieces of matter called **planetesimals**. As these planetesimals got bigger, their gravity got stronger. This made them attract more particles, and they grew even more.

Eventually, some of these growing planetesimals got so big that their gravity became incredibly strong. This turned them into planets. There were quite a few of these

第2部 私たちの太陽系

太陽系の誕生

　約45億年前、宇宙のこの領域には、水素とヘリウムを主成分とする渦巻くガスと塵の雲、いわゆる星雲しか存在していませんでした。この星雲はゆっくりと回転しており、回転しながら自身の重力によって次第に崩壊していきました。この崩壊によって星雲は加熱され、中心部は非常に高温となり、**核融合反応**が始まりました。

　核融合とは、2つ以上の原子が結びついてより重い原子を形成する過程です。このとき、水素原子核が融合してヘリウム原子核を形成し、その過程で膨大なエネルギーが放出されます。

　この崩壊の中から、私たちの太陽が誕生しました。太陽は超高温で輝き、信じられないほどの光と熱を放出して周囲を温めました。

　新たに誕生した太陽の周りには、無数の小さな**粒子**が浮かんでいました。これらは、回転する星雲から太陽に吸い込まれずに残った**残骸**でした。

　長い時間をかけて、これらの小片は少しずつ互いにくっつき始め、**微惑星**と呼ばれるより大きな物質の塊を形成しました。これらの微惑星が大きくなるにつれて、その重力も強くなり、さらに多くの粒子を引き寄せて成長を続けました。

　最終的に、これらの成長する微惑星のいくつかは非常に大きくなり、重力が非常に強力になりました。この結果、それらは惑星へと進化しました。惑星が形成される場所は

このときの中心部の温度は、およそ1000万℃以上である。

69

planet-building sites, and each one had its own unique **ingredients**. Some planets got more rocky stuff, while others grabbed onto gases.

In the middle of all this planet-making, there were some leftovers—smaller bits and pieces that didn't turn into planets. These leftovers became the **asteroids**, **comets**, and other rocky bodies that you can sometimes see zooming around the sky.

That is how the **solar system** we know today was formed. It's like a cosmic puzzle where all the pieces fell into place over billions of years. The swirling cloud turned into a star, and the particles became planets, **moons**, and our other neighbors in space. It's a story of gravity and a huge amount of time.

Today, the solar system consists of the eight planets: Mercury, Venus, Earth, Mars, Jupiter, Saturn, Uranus, and Neptune, somewhere around 750 moons, and probably billions of asteroids and comets. Let's take a tour of the solar system.

Space Fact: The solar system is huge. The distance between the sun and the most distant planet, Neptune, is about 4.5 billion kilometers, but the solar system is much larger even than that!

第 2 部 私たちの太陽系

多数存在し、それぞれが独自の**成分**を持っていました。いくつかの惑星は岩石を多く含み、他の惑星はガスを多く取り込みました。

この惑星形成の過程では、惑星にならなかった小さな破片や断片も残りました。これらの残片が**小惑星**、**彗星**、そして時折空を横切る岩石天体となったのです。

このようにして、私たちが今日知っている**太陽系**が形成されました。それは、何十億年にもわたってすべてのピースが組み合わさった宇宙のパズルのようなものです。渦巻いていた星雲は星となり、粒子は惑星、**衛星**、そして私たちの宇宙の隣人たちへと変化しました。これは、重力と膨大な時間が織りなす物語なのです。

今日、太陽系には8つの惑星（水星、金星、地球、火星、木星、土星、天王星、海王星）があり、約750個の衛星、そしておそらく数十億個もの小惑星や彗星が存在しています。それでは、太陽系を巡る旅に出発しましょう。

太陽系の外側には「オールトの雲 (Oort cloud)」と呼ばれる微惑星や彗星の天体群が球殻状に取り巻いていると考えられている。

宇宙の豆知識　太陽系は非常に広大です。太陽と最も遠い惑星である海王星との距離は約45億キロメートルですが、太陽系全体はそれをはるかに超える広がりがあります！

71

Part 2 Our Solar System

◉ The Sun

The sun 太陽

Scientists classify the sun as a G2-type star, or **yellow dwarf**, which means it is a medium-sized, middle-aged star. It is about 4.6 billion years old and has about 99.8 percent of the mass of the entire solar system. The sun's diameter is about 1.4 million kilometers, which is about 109 times the diameter of Earth.

On the surface, the sun is about 5,500°C, but its core temperature is much hotter, at about 15 million °C. This is where nuclear fusion reactions take place, converting hydrogen into helium and releasing enormous amounts of energy.

The sun's energy travels through space as light and heat. It takes about eight minutes for the sun's light to reach Earth. This light is what powers life on Earth, providing plants with the energy they need to **photosynthesize** and animals with the energy they need to survive.

The sun's gravity holds the planets, moons, and comets in their orbits, and its light and heat help to regulate the Earth's climate.

Scientists estimate that the sun will continue to shine for about another 5 billion years. After that, it will run out of **hydrogen fuel** and the core will begin to collapse. However, the rest of the sun will expand greatly, becoming a red

太陽

　科学者たちは太陽を G2 型の星、つまり「黄色矮星」と分類しています。これは中くらいの大きさの恒星であることを意味します。太陽は約 46 億歳の中年の星で、太陽系全体の質量の約 99.8% を占めています。直径は約 140 万キロメートルで、地球の直径の約 109 倍に相当します。

　太陽の表面温度は約 5500℃ですが、中心部の温度はさらに高く、約 1500 万℃に達します。ここでは核融合反応が起こり、水素原子核がヘリウム原子核に融合され、膨大なエネルギーが放出されています。

　太陽のエネルギーは光と熱として宇宙を伝わり、地球に届くまでに約 8 分かかります。この光は地球上の生命を支える源であり、植物に光合成のためのエネルギーを、動物には生存に必要なエネルギーを提供しています。

　太陽の重力は惑星、衛星、彗星をそれぞれの軌道に保ち、その光と熱は地球の気候を調整する役割を果たしています。

　科学者たちは、太陽があと約 50 億年輝き続けると推定しています。その後、太陽は水素燃料を使い果たし、中心部が崩壊しはじめます。しかし、外層は大きく膨張して赤色巨星となり、内側の惑星、おそらく地球も含めて飲み込む

太陽は赤道付近が25日、極付近が35日で自転している。また、太陽の質量は地球の約33万倍、太陽の重力は地球の重力の約28倍である。

giant. At this time, it will become so large that will envelop the inner planets, probably including Earth. It will remain a red giant for about a billion years and then become a white dwarf star, a much smaller and cooler star. Then, over trillions of years, it will lose the rest of its heat and become a **black dwarf**, which is cold and gives off no energy.

> **Space Fact:** The amount of energy released by the sun in one second is more than humanity has used throughout history.

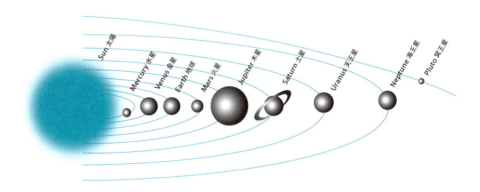

The solar system 太陽系

第 2 部 私たちの太陽系

ほど巨大化します。赤色巨星の状態は約10億年続き、その後、太陽ははるかに小さく冷たい白色矮星になります。そしてさらに数兆年の間に残りの熱を失い、冷たくエネルギーを放出しない黒色矮星へと変化すると考えられています。

> **宇宙の豆知識**　太陽が1秒間に放出するエネルギー量は、人類が歴史を通じて使用してきた総エネルギー量よりも多いのです。

Part 2 Our Solar System

◉ Mercury

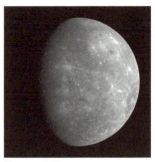
Mercury 水星

Mercury, named after the swift messenger of the ancient Roman gods moves around the sun at an incredible speed of 47 kilometers per second, and takes just 88 days to complete one orbit of our star. The reason Mercury orbits the sun so fast is that it is the closest planet to the sun. The sun's gravity pulls on Mercury more than it does on any other planet, so Mercury has to move faster to stay in orbit.

While the years on Mercury are short, the days are extremely long. One day on Mercury is about 176 Earth days. This is because Mercury's **rotation** is slow, and it only rotates one and a half times during its orbit around the sun. Mercury has a diameter of about 4,880 kilometers, making it the smallest planet in the solar system.

It's a **scorching-hot** world during the day, where temperatures climb high enough to melt lead. But as night covers the planet, Mercury becomes freezing cold. This huge temperature swing is due to its thin blanket of air, which is unable to stop the heat from escaping.

One remarkable feature of Mercury is its rocky surface. It has been hit by countless **meteorites**, leaving behind scars called **craters**. As the sun's rays touch these craters, they create long shadows, making Mercury's surface an

第2部 私たちの太陽系

水星

　水星は、古代ローマの神々の素早い使者マーキュリーにちなんで名付けられた惑星です。水星は秒速47キロメートルという驚異的な速さで太陽の周りを回り、わずか88日で太陽を1周します。水星がこれほど速く太陽を周回する理由は、太陽に最も近い惑星であるためです。太陽の重力は水星に対して他の惑星よりも強く働くため、水星は軌道を保つために速く動かなければなりません。

　水星の1年は非常に短い一方で、1日は非常に長いです。水星の1日は、地球時間で約176日です。これは、水星の**自転**がゆっくりしていて、水星が太陽の周りを1周する間に1回半しか自転しないためです。また、水星の直径は約4,880キロメートルで、太陽系で最も小さな惑星です。

　昼間の水星は**灼熱**の世界となり、表面温度は鉛を溶かすほど高くなります。しかし、夜になると水星は凍えるように冷たくなります。この大きな温度差は、非常に薄い大気層が熱の逃げるのを防ぐことができないために起こるのです。

　水星の注目すべき特徴の一つは、その岩石でできた表面です。無数の**隕石**が衝突し、**クレーター**と呼ばれる傷跡が残されています。太陽の光がこれらのクレーターに当たると、長い影を作り出し、水星の表面は信じられないほど美

水星の昼は約430℃、夜は−180℃まで下がる。

Part 2 Our Solar System

incredible sight to see. Scientists believe that long ago, powerful volcanic eruptions formed its surface, creating vast plains and towering mountains all over its landscape.

Unlike Earth, Mercury's atmosphere is a thin layer of gases. The **solar wind**, a stream of **charged particles** released from the sun, has stripped Mercury of most of its atmosphere over millions of years, leaving it bare and exposed.

Because it is so close to the sun, Mercury has been difficult for scientists to study, but they hope to learn more about this mysterious planet in the future.

Space Fact: Mercury is smaller than Titan, one of the moons of Saturn.

第2部 私たちの太陽系

しい光景を生み出します。科学者たちは、はるか昔に激し
い火山の噴火が水星の表面を形成し、広大な平原や高くそ
びえる山々を作り出したと考えています。

　地球とは異なり、水星の大気は非常に薄いガス層です。
太陽風と呼ばれる、太陽から放出される**帯電粒子**の流れが、
何百万年もの間に水星の大気のほとんどを剥ぎ取り、むき
出しの状態にしています。

　水星は太陽に非常に近いため、科学者たちにとって研究
が困難な惑星でしたが、将来的にはこの謎めいた惑星につ
いてもっと多くのことが解明されると期待されています。

> **宇宙の豆知識**　水星は土星の衛星であるタイタンよりも小さ
> い惑星です。

太陽風は高エネルギーの粒子の流れで、オーロラを発生させる原因にもなる。

79

◉ Venus

Venus 金星

Venus, the second planet from the sun, is visible after **dusk** or before **dawn**, earning it the names "Evening Star" and "Morning Star." It is named after Venus, the Roman goddess of love and beauty.

It has a diameter of about 12,000 kilometers, making it similar in size to Earth.

Venus is wrapped in a thick blanket of clouds, making it a mystery shrouded in mist. These clouds aren't soft and white like the ones found in Earth's sky. Instead, they're made of **acid** and smell like rotten eggs. In addition, there are huge amounts of **carbon dioxide** in the atmosphere, and that traps heat, creating a **greenhouse effect** that is much more serious than the one we're currently experiencing on Earth. Daytime temperatures there can reach 430°C, making it hotter than Mercury, even though it's much farther from the sun.

The surface is a mix of vast plains and towering volcanic peaks. Imagine standing among fiery volcanoes and high mountains, surrounded by an atmosphere so dense that it feels like walking underwater.

Though Venus seems inhospitable, humans have attempted to discover its secrets. In the 20th century, spacecraft were sent to see what was beneath its thick

第2部 私たちの太陽系

金星

　金星は、太陽から2番目に近い惑星で、**夕暮れ後**や**夜明け前**に見ることができるため、「宵の明星」や「明けの明星」として知られています。その名前は、ローマ神話の愛と美の女神ヴィーナスにちなんで名付けられました。

　金星の直径は約1万2000キロメートルで、地球とほぼ同じ大きさです。

　金星は厚い雲に覆われており、霧に包まれた神秘的な存在です。これらの雲は、地球の空に見られるような柔らかく白い雲ではなく、**酸**でできており、腐った卵のような臭いを放っています。さらに、金星の大気中には大量の**二酸化炭素**が含まれており、これによって強力な**温室効果**が引き起こされています。この温室効果は、地球で現在経験しているものよりもはるかに深刻であり、金星の昼間の気温は430℃にも達します。これは、金星と比べて太陽からはるかに近い水星よりも高温です。

　金星の表面は、広大な平原と高くそびえる火山の山々が混在しています。想像してみてください——燃え盛る火山と高い山々の間に立ちながら、濃密な大気に包まれて、まるで水中を歩いているかのように感じる世界を。

　金星は過酷な環境に見えますが、人類はその謎を解明しようと挑戦してきました。20世紀には、金星の厚い雲の下に何があるのかを調べるために宇宙探査機が送り込まれま

金星の最高峰は、高さ1万1700メートルを誇るマクスウェル山脈（Maxwell Montes）である。

Part 2 Our Solar System

clouds. These mechanical explorers discovered more about its hostile nature. Thirteen Soviet spacecraft, called *Venera*, braved the heat and pressure, sending back images of Venus's surface.

Venus's journey around the sun takes about 225 Earth days, but its rotation is slow and strange. Unlike most planets, Venus spins in the opposite direction of its orbit. If you stood on its surface, the sun would rise in the west and set in the east. A day on Venus, from sunrise to sunrise, takes longer than its year.

Neither Venus nor Mercury has a moon. This is believed to be because they are so close to the sun that its incredible gravity would capture anything circling around the planets.

As you consider Venus's mysteries, you might wonder if life could ever exist there. With its fiery surface and suffocating atmosphere, life as we know it would struggle to survive. Recently, though, researchers detected **phosphine**, a potential sign of life, in the upper clouds of Venus. While this discovery doesn't confirm life, it has created renewed interest in the planet and the possibility of life existing in some form.

Space Fact: Venus is the second brightest object in the night sky. Only the moon gives off more light.

第2部 私たちの太陽系

した。これらの探査機は、金星の過酷な環境についての理解を深めました。旧ソビエト連邦の「ベネラ」計画による13機の宇宙探査機は、極限の熱と圧力に耐え、金星の表面の画像を地球に送り返しました。

金星が太陽を一周する公転周期は約225日ですが、その自転は非常に遅く、奇妙な特徴を持っています。ほとんどの惑星とは異なり、金星は公転方向とは逆向きに自転するのです。そのため、もし金星の表面に立ったなら、太陽は西から昇り、東に沈むのを見ることになります。さらに、金星の1日（日の出から次の日の出まで）は、その1年よりも長いのです。

金星も水星も衛星を持っていません。これは、これらの惑星が太陽に非常に近いため、太陽の強大な重力が惑星の周りを回る物体を捕捉してしまうからだと考えられています。

金星の謎について考えると、生命が存在できるのか疑問に思うかもしれません。灼熱の表面と窒息しそうな大気を持つ金星では、私たちが知っているような生命が生き残るのは困難でしょう。しかし最近、研究者たちは金星の上層大気中で**ホスフィン**（リン化水素）を検出しました。これは生命が存在する可能性を示します。この発見は生命の存在を確認するものではありませんが、金星への関心を再び高め、そこで何らかの形態で生命が存在する可能性について新たな注目を集めています。

ホスフィンは分子式 PH_3 で表され、常温では無色で魚が腐ったようなにおいがする気体。常温の空気中で酸素と反応して自然発火するほど可燃性が高く、吸入すると死に至るほど毒性が強い。低酸素環境に住む微生物によって生成されるため、金星に細菌が存在できる環境がある可能性を示唆している。

> **宇宙の豆知識**　金星は夜空で2番目に明るい天体です。さらに明るい光を放つのは月だけです。

Earth

Earth 地球

Earth is unique from the other planets in our solar system in many ways. First of all, it is in what is known as the **Goldilocks zone**. The name comes from the fairy tale called *Goldilocks and the Three Bears*. The theme of the story is that things that are not too extreme are ideal, and the Goldilocks zone refers to a distance from a star where nothing is too hot or too cold so that water can exist in a liquid form and support life. Liquid water is essential for life as we know it, so the Goldilocks zone is the most likely place to find **habitable planets**.

Like the rest of the solar system's planets, Earth was formed about 4.5 billion years ago. Earth's diameter at the equator is about 12,756 kilometers, making it the fifth-largest planet in the solar system. It was originally very hot, but it cooled over time. The water vapor in the atmosphere condensed and formed oceans. The rocks on the surface of Earth solidified, and the atmosphere became thinner.

We also have a thick atmosphere that protects us from the sun's harmful radiation. It is made up of many different gases, including **nitrogen**, oxygen, and carbon dioxide. It also helps to regulate the planet's temperature.

Earth has a strong magnetic field that protects us from

第2部 私たちの太陽系

地球

地球は太陽系の他の惑星とは多くの点で異なる独特な存在です。まず、地球は「ゴルディロックスゾーン」と呼ばれる領域に位置しています。この名前は、童話「ゴルディロックスと三匹のくま」に由来します。この物語のテーマは、極端すぎないことが理想的であるということです。ゴルディロックスゾーンとは、星からの距離のことで、水が液体の形で存在して生命を支えることができる、暑すぎたり寒すぎたりしない領域を指します。液体の水は、私たちが知っている生命にとって不可欠であり、ゴルディロックスゾーンは**生命が存在可能な惑星**を見つける可能性が最も高い場所です。

この童話では、ゴルディロックスという少女が迷い込んだ3匹のクマのお家で、3種のお粥の中で熱すぎず冷たすぎないちょうどよい温度のものを選ぶ。こうした「ちょうどよい程度」を表す概念として、心理学や経済学など幅広い領域で「ゴルディロックス」が用いられている。日本でなじみ深い「松竹梅」（松竹梅の3種類のグレードが用意されていた場合、消費者は真ん中の竹を選ぶとする法則）もこの類。

地球は他の太陽系の惑星と同様、約45億年前に形成されました。地球の赤道面での直径は約12,756キロメートルで、太陽系で5番目に大きな惑星です。形成当初、地球は非常に高温でしたが、時間の経過とともに冷却されました。その結果、大気中の水蒸気が凝縮して海が形成され、地表の岩石が固まり、大気は薄くなりました。

また、地球には太陽の有害な放射線から私たちを守る厚い大気があります。地球の大気は、**窒素、酸素、二酸化炭素**など、多様なガスで構成されています。また、この大気は地球の温度を調節する役割も果たしています。

地球には強力な磁場があり、これが太陽風から私たちを

Part 2 Our Solar System

the solar wind. The solar wind is a stream of charged particles from the sun. The magnetic field deflects the solar wind away from Earth, and it helps to protect our atmosphere from being stripped away.

Life on Earth is thought to have arisen about 3.8 billion years ago. The first life forms were probably simple **bacteria**. Over time, life on Earth became more complex, giving rise to animals and plants, and eventually humans.

Space Fact: Earth orbits the sun at an incredible speed of about 30 kilometers per second.

第 2 部 私たちの太陽系

守っています。太陽風は、太陽から放出される帯電粒子の流れです。地球の磁場は太陽風を地球から逸らし、大気が剥ぎ取られるのを防ぐ役割を果たしています。

　地球上の生命は約38億年前に誕生したと考えられています。最初の生命体はおそらく単純な**細菌**だったでしょう。時間の経過とともに、地球の生命は次第に複雑化し、動物や植物が誕生し、最終的には人類が現れました。

宇宙の豆知識　地球は太陽の周りを秒速約30キロメートルという驚異的な速さで公転しています。

87

Part 2 Our Solar System

◉ The Moon

The moon 月

Our **moon** is thought to have formed after a large object hit the Earth early in its history. The impact threw a lot of **debris** into space, and this debris eventually came together to form the moon.

The moon is much smaller than Earth—its diameter is just 3,474 kilometers at its equator. The moon is made up of mostly **basalt**, a type of rock that is also found on Earth. Its surface is covered in craters, which were formed by impacts from asteroids and comets. The moon also has a few volcanoes, but they are much smaller than the ones on Earth.

The moon lacks many of the things that are necessary for life. For one, it has almost no atmosphere, so it is very dry, and can be extremely cold. The surface temperature at night is about -170°C. The moon also has no liquid water on its surface, but there is ice. It also has an extremely weak magnetic field, so it is not protected from the sun's harmful radiation.

The moon's gravity is about one-sixth of that on Earth. This means **astronauts** can jump much higher on the moon than they can here.

The moon is very important to our planet. It helps to **stabilize the Earth's tilt**, which helps to keep our

88

第2部 私たちの太陽系

月

　私たちの月は、地球の歴史の初期に大きな天体が地球に衝突したことによって形成されたと考えられています。その衝突によって多くの**破片**が宇宙に飛び散り、これらが最終的に集まって月を形成しました。

月の起源を説明するうえで最有力とされるこの説を「ジャイアント・インパクト説（giant impact hypothesis）」という。

　月は地球よりもはるかに小さく、月の直径はわずか3,474キロメートルです。月は主に地球でも見られる**玄武岩**という岩石で構成されており、その表面は小惑星や彗星の衝突によってできたクレーターで覆われています。また、月にはいくつかの火山がありますが、地球のものと比べるとかなり小さいです。

　月には生命に必要な多くのものが欠けています。まず、大気がほとんどないため非常に乾燥しており、夜間の表面温度は約−170℃にまで下がります。また、月の表面や地下には液体の水はありませんが、氷は存在します。さらに、磁場が極めて弱いため、太陽からの有害な放射線から保護されることがありません。

　月の重力は地球の約6分の1しかありません。そのため、**宇宙飛行士**は月の上で地球よりもはるかに高くジャンプすることができます。

　月は地球にとって非常に重要です。月は**地球の傾きを安定させ**、気温を適度に保つ役割を果たしています。また、

89

Part 2 Our Solar System

temperatures moderate. The moon also causes the **tides**, which are the regular rise and fall of the oceans.

> **Space Fact:** The ground sometimes shakes on the moon, but they're called "moonquakes" instead of "earthquakes."

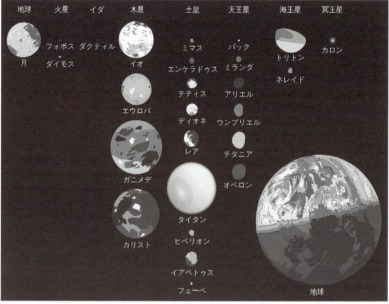

Moons of the solar system
主要な太陽系の衛星。他の衛星と比べても月は大きく、
母惑星の地球に対しても大きな衛星であることがわかる。

月は海の水位が規則的に上昇・下降する**潮の満ち引き**を引き起こします。

> **宇宙の豆知識**　月でも地面が揺れることがありますが、これらは「地震」ではなく「月震」と呼ばれています。

Mars

Mars 火星

Mars, the fourth planet from the sun, has long captured the human imagination. This **rust-colored** world, named after the Roman god of war due to its fiery appearance, has been a subject of fascination for centuries.

Mars's diameter at the equator is about 6,794 kilometers, making it the second-smallest planet in the solar system. Its reddish color comes from the **iron-rich dust** that covers its surface. While Earth's atmosphere shields us from the harshness of space, Mars has a thinner one, so it would be impossible for humans to breathe and survive there without special equipment.

Scientists have sent robotic explorers to Mars to learn more about its secrets. The rovers have journeyed across its rocky **terrain**, capturing pictures and collecting data. These mechanical travelers have shown us the planet's rugged landscape, with huge deserts, towering mountains, and the largest volcano in the solar system, **Olympus Mons**, which is 25 kilometers high. That's nearly three times as high as Mt. Everest, which is 8.8 kilometers high.

One of the most interesting questions about Mars is whether it ever had the conditions to support life. Evidence suggests that Mars once had flowing water, possibly even

第2部 私たちの太陽系

火星

火星は太陽から4番目の惑星で、長い間人類の想像力をかき立ててきました。この**錆色**(さびいろ)の世界は、炎のような外見からローマ神話の戦争の神マルスにちなんで名付けられ、何世紀にもわたり多くの人々を魅了してきました。

火星の赤道面での直径は約6,794キロメートルで、太陽系で2番目に小さな惑星です。その赤みを帯びた色は、表面を覆う**鉄分豊富な塵**によるものです。地球では大気が宇宙の過酷な環境から私たちを守っていますが、火星の大気は非常に薄いため、特別な装備なしでは人間が呼吸して生き延びることは不可能です。

火星の大気は主に二酸化炭素(約95%)で構成されている。

科学者たちは火星の謎を解明するため、ロボット探査機を送り込んでいます。これらの探査機は火星の岩だらけの**地形**を走破し、写真を撮影してデータを収集してきました。探査機が明らかにした火星の風景には、広大な砂漠やそびえ立つ山々、そして太陽系最大の火山である**オリンポス山**があります。この火山は高さ25キロメートルに達し、エベレスト山(8.8キロメートル)の約3倍の高さです。

火星に関する最も興味深い問いの一つは、かつて生命を支えるための条件が存在していたかどうかです。これまでの証拠は、火星にはかつて流れる水があり、湖や川が存在

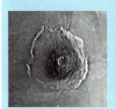

Olympus Mons
オリンポス山

93

Part 2 Our Solar System

lakes and rivers. Today, the only known water is in the form of ice above and below the surface at the planet's two poles. The presence of water is a key ingredient for life as we know it, so some scientists are hopeful that **tiny organisms** or signs of past life might be hidden beneath the surface. Discovering life on Mars would be an incredible breakthrough.

Mars's **thin atmosphere** has not stopped humanity from dreaming about sending astronauts there someday. This dream, however, is not without challenges. The journey to Mars is long, taking about seven months in the cold, dark vacuum of space.

Once on Mars, explorers would face a harsh environment. The thin atmosphere would require them to wear protective suits, shielding them from harmful radiation and extreme temperatures. The landscape would be their new frontier, where they could uncover the planet's history and seek out its hidden treasures.

While Mars holds many wonders, it's not a welcoming place for humans without advanced technology. The lack of **breathable air**, the thin atmosphere, and the extreme temperatures make survival challenging. However, human ingenuity knows no bounds, and the dream of **setting foot** on Mars remains.

Space Fact: Mars's two moons, Phobos and Deimos, are thought to be captured asteroids.

していた可能性を示唆しています。現在、火星の両極の地表や地下にある氷の状態でのみ、水の存在が確認されています。水は生命にとって重要な要素であるため、一部の科学者たちは、**微小な生物**や過去の生命の痕跡が火星の地下に隠れている可能性に期待しています。もし火星で生命が発見されれば、それは驚異的な発見となるでしょう。

火星の**薄い大気**は、いつか宇宙飛行士を送り込むという人類の夢を妨げてはいません。しかし、この夢にはさまざまな課題があります。火星への旅は長く、冷たく暗い宇宙空間を約7か月かけて進まなければなりません。

火星に到着すると、探検者たちは過酷な環境に直面します。薄い大気のため、彼らは有害な放射線や極端な温度から身を守るために保護スーツを着用する必要があります。その風景は新たなフロンティアとなり、そこで探検者たちは惑星の歴史を解き明かし、隠された宝物を探し出すことができるでしょう。

火星には多くの不思議がある一方で、高度な技術なしでは人間にとっては厳しい環境です。**呼吸可能な空気**の欠如、薄い大気、そして極端な気温は、生存することを非常に困難にしています。それでも、人間の創意工夫には限界がなく、**火星に足を踏み入れる**という夢は今もなお続いています。

> **宇宙の豆知識** 火星の2つの衛星、フォボスとダイモスは、捕捉された小惑星であると考えられています。

Phobos フォボス

Deimos ダイモス

Part 2 Our Solar System

◉ Jupiter

Jupiter 木星

Jupiter, named after the king of the Roman gods, is a giant ball of gas far larger than all the other planets combined. The diameter at the equator is about 142,984 kilometers.

A cloud-covered planet, Jupiter has beautiful bands of color when seen from space, and the colorful clouds create constantly changing patterns. Its most well-known feature is its **Great Red Spot**, a swirling storm that has continued for centuries. This massive storm is like a timeless dance of color and chaos, caused by the planet's extreme weather. Scientists study these storms to understand the complex forces at play within Jupiter's atmosphere.

Jupiter is a world of extremes, where size, gravity, and **magnetism** collaborate to create wonders. Its powerful gravity pulls objects into it, and this is very useful to Earth—it prevents many asteroids from coming too close to us. Jupiter is our protector, deflecting potential threats that could otherwise alter the course of our home planet.

Jupiter **is surrounded by** a large group of about 95 moons, each with its own character and mysteries. Some of

第2部 私たちの太陽系

木星

　木星は、ローマ神話の神々の王にちなんで名付けられた巨大なガスの球体で、他のすべての惑星を合わせたよりもはるかに大きいです。その赤道面での直径は約142,984キロメートルに達します。

　木星は雲に覆われた惑星で、宇宙から見ると美しい色の帯が浮かび上がり、その色とりどりの雲は絶えず変化する模様を作り出しています。最もよく知られている特徴は「**大赤斑**」と呼ばれる渦巻く嵐で、これは何世紀にもわたって

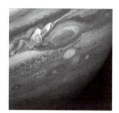

Jupiter's Great Red Spot
木星の大赤斑

続いています。この巨大な嵐は、惑星の極端な気象によって引き起こされる、色彩と混沌が生み出す永遠の舞踏のようなものです。科学者たちは、木星の大気中で働く複雑な力を解明するために、この嵐を研究しています。

　木星は、規模、重力、**磁場**が組み合わさって不思議を生み出す極端な世界です。その強力な重力は多くの物体を引き寄せますが、これは地球にとっても非常に重要です。木星は多くの小惑星が地球に近づきすぎるのを防ぎ、私たちの惑星に潜在的な脅威が及ぶのを避けています。このように、木星は私たちの守護者として、地球を守る役割を果たしているのです。

　木星は約95個の衛星に囲まれており、それぞれが独自の特徴と謎を秘めています。エウロパやガニメデなどの衛星

火星の公転軌道と木星の公転軌道との間に多くの小惑星が存在する領域のことを「小惑星帯 (asteroid belt)」または「メインベルト (main belt)」という。木星の強い重力によって惑星に成長する最終段階を阻まれ、単一の惑星を形成できなかった微惑星が100万〜200万個含まれているとされる。

97

these moons, like Europa and Ganymede, may have oceans below their surfaces, raising questions about the potential for **life beyond Earth**.

Europa
エウロパ

Jupiter's magnetic field is another **marvel**. It's like an invisible cloak, shielding the planet from the solar wind. This protective barrier creates powerful auroras, dancing curtains of light that paint the planet's polar skies.

Humanity's quest to explore Jupiter has been marked by bold missions. Spacecraft like *Voyager*, *Galileo*, and *Juno* have come close, transmitting images and data that have expanded our understanding of this giant world. These missions are like windows into the unknown, **offering glimpses** of the majesty and mysteries of the gas giant.

Space Fact: Jupiter's famous Great Red Spot was once about three times the size of Earth, but it seems to be shrinking. Today, it is about the same size as our planet, and it is possible that it will completely disappear someday.

には、表面下に海が存在する可能性があり、**地球外生命**の可能性について新たな疑問を投げかけています。

Ganymede
ガニメデ

　木星の磁場もまた**驚異的なもの**です。それはまるで目に見えないマントのように、木星を太陽風から守っています。この保護バリアによって強力なオーロラが生み出され、木星の極地の空を踊るような光のカーテンで彩ります。

　人類による木星探査は、大胆なミッションによって推進されてきました。ボイジャー、ガリレオ、ジュノーといった探査機が木星に接近し、画像やデータを送信することで、この巨大な惑星に対する理解を深めてきました。これらのミッションは、未知の世界への窓のような役割を果たし、ガスの巨人である木星の壮大さと謎を私たちに**垣間見せ**てくれます。

The Voyager spacecraft
ボイジャー2号（想像図）

宇宙の豆知識　木星の有名な大赤斑は、かつては地球の約3倍の大きさでしたが、縮小しつつあるようです。現在、大赤斑は私たちの惑星とほぼ同じ大きさであり、いつか完全に消滅する可能性があります。

Part 2 Our Solar System

◉ Saturn

Saturn
土星

Saturn, named after the Roman god of agriculture, is best known for its incredible rings. These rings **encircle** the planet like cosmic decorations. They're not solid like hoops, but rather made of countless **icy particles**. Imagine looking up at the sky from Saturn. The rings would stretch far and wide, casting a soft glow on the landscape below.

Saturn is huge, making it one of the gas giants in our cosmic neighborhood. The diameter at the equator is about 120,536 kilometers.

Its atmosphere is a mixture of gases. This gaseous envelope gives Saturn its golden color, and its swirling patterns of clouds create a **mesmerizing spectacle** for distant observers.

Saturn has at least 145 moons, with the possibility that more could be discovered in the future. **Titan** is the best known. It has a thick atmosphere, hiding secrets of complex **chemistry**, much like during Earth's early days. Some scientists dream that exploring Titan might offer insights into the origins of life.

Titan
タイタン

第 2 部　私たちの太陽系

土星

　土星は、ローマ神話の農業の神にちなんで名付けられ、その特徴的な環で最もよく知られています。これらの環は、惑星を**取り巻く**宇宙の装飾品のように広がっていますが、固体の輪ではなく、主に無数の**氷の粒子**で構成されています。もし土星から空を見上げると、環が遠くまで広がり、下の風景に柔らかな光を投げかけているのが想像できます。

　土星は非常に大きく、太陽系のガス巨星の一つであり、その赤道面での直径は約120,536キロメートルです。

　土星の大気はさまざまなガスの混合物で、このガス層が土星に金色の輝きを与えています。雲が渦巻くように流れる模様は、遠くから観察する者にとって**魅惑的な光景**を作り出します。

　土星には少なくとも145個の衛星があり、将来的にさらに発見される可能性もあります。最もよく知られているのは**タイタン**です。タイタンは厚い大気を持ち、地球の初期と似た複雑な**化学反応**の秘密が隠れていると考えられています。一部の科学者たちは、タイタンを探査することで生命の起源に関する新たな洞察が得られると夢見ています。

土星の環の幅は27万キロメートル以上あるが、厚さは10メートルほどしかない。現在の観測では、土星の環は数億年以内に消失する可能性がある。

Cassini, a spacecraft sent from Earth, orbited Saturn for years, offering us a window into its wonders. The images it beamed back showcased the rings in incredible detail. *Cassini*'s journey ended with a bold move, diving into Saturn's atmosphere, causing it to melt in order to protect potential life on its moons from **contamination**.

Cassini
カッシーニ(想像図)

Space Fact: The winds on Saturn blow at a speed of about 1,800 kilometers per hour.

第 2 部 私たちの太陽系

　地球から送られた探査機カッシーニは、何年にもわたって土星を周回し、その不思議を私たちに見せてくれました。カッシーニが送信した画像は、土星の環を驚くほど詳細に示しました。カッシーニの旅は、衛星に存在する可能性のある生命が**汚染される**のを防ぐために、土星の大気に飛び込み溶解するという大胆な行動とともに終わりを告げました。

探査機の名前は、イタリア出身のフランスの天文学者ジョヴァンニ・カッシーニに由来する。土星の4つの衛星を発見するなど、惑星観測にてさまざまな功績を残している。

Giovanni Cassini
ジョヴァンニ・カッシーニ(1625–1712)

> **宇宙の豆知識**　土星の風速は時速約1800キロメートルにも達します。

Uranus

Uranus 天王星

Uranus, named after the ancient Greek sky god, is a distant neighbor in our solar system. It's the seventh planet from the sun, located beyond Saturn. Unlike its neighboring planets, Uranus **spins on its side**. Scientists speculate that a long-ago collision might have caused this unique spin.

Wrapped in layers of icy clouds, Uranus possesses a mysterious beauty. Its atmosphere is mostly made up of hydrogen and helium, but what sets it apart are the traces of **methane**. This methane is what gives Uranus its striking blue color. As sunlight enters the atmosphere, it reacts with the methane, **scattering** the blue light. It is also the coldest planet in the solar system, with temperatures as low as -244°C. Although it is not the most distant planet from the sun, because of its unusual tilt, its **poles** experience nights that are more than 40 years long, and this causes the extreme coldness.

Uranus has a diameter of about 51,118 kilometers, making it the third-largest planet in the solar system. Unlike its larger siblings, Jupiter and Saturn, Uranus isn't easily visible to the **naked eye**. People in the past, limited by their primitive telescopes, often mistook it for a star. It wasn't until the 18th century that Uranus was discovered to be a planet, thanks to the observations of astronomers using

第2部 私たちの太陽系

天王星

　天王星は、古代ギリシャの天空の神にちなんで名付けられた惑星で、太陽系の遠い隣人です。太陽から7番目に位置し、土星の外側にあります。他の惑星とは異なり、天王星は**横向きに自転**しており、科学者たちははるか昔に起きた衝突がこの特異な自転を引き起こしたと考えています。

　天王星は氷の雲に包まれ、神秘的な美しさをたたえています。その大気は主に水素とヘリウムから成り立っていますが、特徴的なのは少量含まれる**メタン**です。このメタンが天王星に鮮やかな青色を与え、太陽光が大気に入るとメタンによって青い光が**散乱します**。また、天王星は太陽系で最も寒い惑星で、気温が−244℃にまで下がります。太陽から最も遠い惑星ではありませんが、その極端な傾きによって**極地**では40年以上続く夜があり、これが極寒を引き起こしているのです。

　天王星の直径は約51,118キロメートルで、太陽系で3番目に大きな惑星です。しかし、木星や土星のような大きな惑星とは異なり、天王星は**肉眼**では簡単に見えません。昔の人々は、原始的な望遠鏡の限界のために、しばしば天王星を恒星と見誤っていました。18世紀に入って、より高度な機器を使った天文学者の観測によって、ようやく天王星が惑星であることが発見されました。

天王星の自転軸は約98度傾いており、ほぼ横倒しの状態である。

more-advanced instruments.

Like Saturn, Uranus boasts a beautiful system of rings. While faint compared with Saturn's, they are amazing **in their own right**. Made of bits of ice and dust, they encircle the planet, whispering tales of the planet's distant past and the cosmic forces that shaped its rings.

Uranus is accompanied by a collection of 28 moons, each with its own story. Among them, **Miranda** stands out, with a surface that seems to bear many **scars**. Its rough terrain suggests that it experienced dramatic events in its history, perhaps a collision with a gigantic asteroid, or it may have been formed from the debris of other moons that collided with one another.

Miranda ミランダ

As humans ventured into the final frontier, Uranus became a destination of curiosity. Spacecraft like *Voyager 2* have flown through space, observing this distant planet and its moons. These missions have revealed some of the planet's secrets, yet much **remains undiscovered**.

> **Space Fact:** There are sometimes diamond rains on Uranus. When the methane molecules break down, the resulting carbon atoms form diamond crystals that rain down from the sky.

第 2 部 私たちの太陽系

土星と同様に、天王星にも美しい環があります。土星の環ほどは目立ちませんが、それでも**独自の魅力**があります。氷や塵の粒子でできたこれらの環は惑星を取り巻き、天王星の遠い過去と環を形成した宇宙の力について静かに物語っています。

天王星には28個の衛星があり、それぞれが独自の物語を持っています。その中でも特に目立つのが**ミランダ**です。その表面には多くの**傷跡**が見られ、荒々しい地形が広がっています。この地形は、過去に巨大な小惑星との衝突や、他の衛星同士の衝突によって劇的な出来事が起こった可能性を示唆しています。

ミランダの名は、ウィリアム・シェイクスピアの戯曲『テンペスト』に登場するプロスペローの娘の名前に由来する。

人類が宇宙という最後のフロンティアを探索する中で、天王星は好奇心をかき立てる目的地となりました。ボイジャー2号のような探査機がこの遠い惑星とその衛星を観測し、いくつかの秘密を明らかにしてきましたが、まだ多くの謎が**解明されないまま**です。

宇宙の豆知識　天王星では時折、ダイヤモンドの雨が降ることがあります。メタン分子が分解されると、炭素原子がダイヤモンドの結晶を形成し、それが空から雨のように降り注ぐのです。

Part 2 Our Solar System

◉ Neptune

Neptune 海王星

Neptune is the eighth and final planet in our solar system, a distant neighbor to Earth and the other seven planets that revolve around the sun. It takes a spacecraft several years to reach Neptune, as it orbits the sun in a long orbit that lasts nearly 165 Earth years.

Neptune's most **distinctive** feature is its incredible blue color. The gaseous atmosphere of Neptune contains elements that **absorb red light** and reflect blue light, giving the planet its vibrant hue.

Neptune has a diameter of about 49,244 kilometers, making it the fourth-largest planet in the solar system.

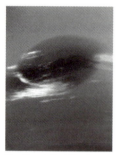
The Great Dark Spot
大暗斑

A gas giant, Neptune is composed mostly of hydrogen and helium. Its atmosphere is an incredible dance of fast-moving clouds and powerful storms. The **Great Dark Spot**, a massive storm system similar to Jupiter's Great Red Spot, was once observed on Neptune's surface.

Neptune's weather is more than just violent winds and swirling clouds. The planet experiences some of the strongest winds in the solar system, reaching speeds of up to 2,000 kilometers per hour, which is faster than the speed of sound! These powerful

第 2 部 私たちの太陽系

海王星

　海王星は太陽系の8番目で最後の惑星であり、地球や他の7つの惑星にとって遠い隣人です。海王星は太陽を周回するのに地球時間で約165年を要し、その長い軌道のため、宇宙船が海王星に到達するには数年かかります。

海王星は、直接観測する前にその位置が計算によって予測され発見された最初の惑星であり、その発見は天文学における重要な出来事であった。

　海王星の最も**特徴的な**点は、その信じられないほどの青色です。海王星の気体の大気には**赤い光を吸収し**、青い光を反射する元素が含まれているため、この惑星は鮮やかな青色をしているのです。

　海王星の直径は約49,244キロメートルで、太陽系で4番目に大きな惑星です。

　巨大なガス惑星である海王星は、主に水素とヘリウムで構成されています。その大気は、高速で動く雲と強力な嵐が織りなす、まるでダンスのような動きが見られます。「**大暗斑**」と呼ばれる巨大な嵐は、木星の大赤斑に似た現象で、かつて海王星の表面で観測されたことがあります。

　海王星の気象は、単なる激しい風と渦巻く雲にとどまらないものです。この惑星では、太陽系で最も強い風が発生し、風速は時速約2000キロメートルに達します。これは音速を超える速さです！　こうした強力な風と極端に低い気温が組み合わさり、人間が生存するにはほぼ不可能な環境

109

Part 2 Our Solar System

winds, combined with the extremely cold temperatures, create an environment that would be nearly impossible for humans to survive in.

Neptune also has a collection of 16 moons. **Triton**, the largest, is particularly fascinating. Unlike most moons in the solar system, Triton orbits Neptune **in a backward**, or **retrograde**, motion. This unusual behavior suggests that Triton might not have originated near Neptune, but rather was captured by the planet's gravitational pull in the distant past.

Triton トリトン

As we explore Neptune, we must also mention its ring system. While not as easy to see as Saturn's, Neptune's rings are composed of dusty particles and icy fragments. These rings add a touch of elegance to the planet's appearance, sparkling in the distant sunlight.

Journeying to Neptune requires a tremendous amount of technology and innovation, and so far, *Voyager 2* is the only **space probe** that has visited this distant planet.

Space Fact: Although Galileo was the first person to see Neptune, he thought it was a star, so he is not credited with its discovery.

第 2 部 私たちの太陽系

を作り出しています。

　海王星には16個の衛星があります。その中で最も大きな衛星である**トリトン**は特に興味深い存在です。トリトンは、太陽系の多くの衛星とは異なり、海王星の周りを**逆行する**軌道で回っています。この異常な軌道運動は、トリトンがもともと海王星近辺で形成されたのではなく、遠い過去に海王星の重力によって捕らえられた可能性を示唆しています。

　海王星の探査を語るうえで、環にも触れなければなりません。土星の環ほど目立つものではありませんが、海王星の環は塵の粒子と氷の破片でできており、遠い太陽の光の中で輝いて惑星に優雅さを加えています。

海王星の環は5つの主要な環から構成されている。

　海王星への旅には膨大な技術と革新が必要であり、これまでのところ、ボイジャー2号だけがこの遠い惑星を訪れた唯一の**宇宙探査機**です。

宇宙の豆知識　ガリレオは最初に海王星を観測した人物ですが、彼はそれを恒星だと思い込んでいたため、正式な発見者とは見なされていません。

111

Part 2 Our Solar System

The Kuiper Belt

The **Kuiper Belt** is a region of icy objects that lies beyond the orbit of Neptune. It is a very cold place, with temperatures that can reach as low as -230°C. It is also very dark, with only a few faint stars visible.

The Kuiper Belt is thought to be a **remnant** of the early solar system. When the solar system was young, it was a very hot place. The heat caused the material to spread out, and it formed a disk around the sun. This disk was made up of dust, gas, and ice.

Over time, the disk cooled down. The dust and gas **clumped together** to form planets. The ice, however, did not clump together as easily. It was too cold, and it was too spread out.

Some of the ice, however, did clump together to form small bodies. These bodies were too small to be planets, but they were big enough to be called dwarf planets. The Kuiper Belt is made up of these **dwarf planets**, including **Pluto**, and other small icy bodies, including asteroids.

Scientists are still learning about the Kuiper Belt. They believe that it may be home to many new worlds, including objects that are larger than Pluto.

Space Fact: There are believed to be over 100,000 objects in the Kuiper Belt.

カイパーベルト

カイパーベルトは、海王星の軌道の外側に広がる氷の天体の領域です。ここは非常に寒冷な場所で、温度は−230℃にまで下がることがあります。また、非常に暗く、かすかな星がわずかに見える程度です。

カイパーベルトは、太陽系が形成された初期の**名残**だと考えられています。若い頃の太陽系は非常に高温で、その熱によって物質が広がり、太陽の周りに塵、ガス、氷で構成された円盤が形成されました。

時間が経つにつれ、この円盤は冷えていきました。塵とガスは**集まって**惑星を形成しました。しかし、氷はそれほど簡単には集まりませんでした。寒すぎて、広がりすぎていたのです。

それでも一部の氷は集まって小さな天体を形成しました。これらの天体は惑星と呼ぶには小さすぎましたが、**準惑星**と呼ぶには十分な大きさを持っていました。カイパーベルトは、**冥王星**をはじめとするこれらの準惑星や、小惑星を含むその他の小さな氷の天体で構成されています。

科学者たちは、カイパーベルトについてまだ研究を続けています。彼らは、この領域に冥王星よりも大きな天体を含む、多くの新しい世界が存在する可能性があると考えています。

宇宙の豆知識 カイパーベルトには10万個以上の天体が存在すると考えられています。

カイパーベルトは、エッジワース・カイパーベルト（Edgeworth-Kuiper belt）ともいい、オランダおよびアメリカの天文学者ジェラルド・カイパー、アイルランドの天文学者ケネス・エッジワースに由来する。

Gerard Kuiper
ジェラルド・カイパー
(1905–1973)

Kenneth Edgeworth
ケネス・エッジワース
(1880–1972)

◉ Pluto

Pluto 冥王星

Pluto, named for the Roman god of the dead, is a small, icy world that was once considered the ninth planet in our solar system. However, in 2006, the **International Astronomical Union (IAU)** decided that Pluto was actually a dwarf planet. This was because Pluto does not meet all of the IAU's **criteria** for a planet. A planet must be in orbit around the sun, be massive enough that its own gravity has pulled it into a round shape, and have cleared the neighborhood around its orbit. Pluto does not meet the third condition because it shares its orbit with many other objects, such as the Kuiper Belt objects.

Even though Pluto is not a planet, it is still a very interesting and mysterious world. With a diameter of 2,370 km, it is the largest known dwarf planet in our solar system, and it has a unique atmosphere that is made up of nitrogen, methane, and **carbon monoxide**. Pluto also has a heart-shaped region on its surface, which is made up of frozen nitrogen.

In 2015, the *New Horizons* spacecraft flew past Pluto and gave us our first close-up look at the dwarf planet. *New Horizons* revealed that Pluto is a much more complex and diverse world than we had previously thought. It has mountains, valleys, plains, and craters. It also has

冥王星

冥王星は、ローマ神話の死者の神にちなんで名付けられた小さな氷の世界で、かつては太陽系の9番目の惑星とされていました。しかし、2006年に**国際天文学連合(IAU)**は冥王星を準惑星と再分類しました。これは、冥王星がIAUの惑星の**定義**をすべて満たしていなかったためです。惑星は、太陽を周回し、自身の重力で球形を保ち、軌道はその天体独自でなければなりません。冥王星は、カイパーベルトの天体など多くの他の天体と軌道を共有しているため、この3つ目の条件を満たしていないのです。

冥王星は惑星ではありませんが、それでも非常に興味深く神秘的な世界です。直径は2,370キロメートルで、太陽系で知られている最大の準惑星です。また、その大気は窒素、メタン、**一酸化炭素**で構成されています。さらに、冥王星の表面には凍った窒素でできたハート型の地域が存在します。

2015年には、ニュー・ホライズンズ探査機が冥王星に接近し、私たちに初めてこの準惑星の近接画像を届けました。ニュー・ホライズンズは、冥王星が私たちが以前考えていたよりもはるかに複雑で多様な世界であることを明らかに

New Horizons
ニュー・ホライズンズ(想像図)

five moons, including **Charon**, which is about half the size of Pluto.

Charon カロン

Pluto is a fascinating world, and we are still learning about it. It is a reminder that there is still much that we do not know about our solar system.

Space Fact: Pluto is usually farther away from the sun than Neptune, but because of the unusual shape of its orbit, sometimes it comes closer.

第2部 私たちの太陽系

しました。冥王星には山、谷、平原、クレーターが広がっており、5つの衛星を持っています。その中でも衛星**カロ**ンは、冥王星の約半分の大きさを持っています。

　冥王星は魅力的な世界であり、私たちはまだその多くを学んでいる最中です。これは、私たちの太陽系にはまだ多くの未知が残されていることを思い出させてくれます。

冥王星とカロンの間隔は2万キロメートルほどで、月と地球の距離38万キロメートルよりかなり近く、冥王星からカロンを見ると、地球から見た月のおよそ7倍の大きさに見える。

> **宇宙の豆知識**　冥王星は通常、海王星よりも太陽から遠くに位置していますが、軌道の形状が特異であるため、時には海王星より太陽に近づくことがあります。

The Secrets Behind Planet Names

Have you ever wondered about the Japanese names of the bright celestial bodies you see in the night sky? The planets we are familiar with actually have fascinating origins behind their names.

The Five Planets: Discovered by Ancient Chinese Astronomers

Let's start by uncovering the secrets behind the names of Mercury, Venus, Mars, Jupiter, and Saturn. Surprisingly, these five planets were already known in ancient China. Astronomers of that time identified them as the "Five Planets" and closely observed them as special celestial objects.

But why were they given these particular names? The answer lies in an ancient Chinese philosophy called the "Five Elements Theory." This system sought to explain all things in the world through five fundamental elements: wood, fire, earth, metal, and water. The astronomers applied this concept to name the planets accordingly.

- **Mercury:** The closest planet to the sun moves incredibly fast. Ancient observers saw its motion as resembling the smooth, flowing movement of water, leading to its name as the "Water" planet.
- **Venus:** This planet shines brightly in the night sky. Its brilliant glow was reminiscent of the luster of metal (gold), earning it the name "Gold" planet.
- **Mars:** With its striking red color, this planet reminded ancient people of flames and fire. This led to it being named the "Fire" planet.
- **Jupiter:** The largest and most majestic of the planets, its immense presence was likened to a great, towering tree. This association with strength and growth resulted in its name as the "Wood" planet.
- **Saturn:** The outermost of the five classical planets moves slowly and

第2部 私たちの太陽系

惑星の名前の秘密

　夜空を見上げたとき、輝く星々の名前を不思議に思ったことはありませんか？　実は、私たちがよく知っている惑星の名前には、とても興味深い由来があるのです。

五惑星：古代中国の天文学者たちの発見

　まずは、水星、金星、火星、木星、土星という5つの惑星の名前の秘密を探っていきましょう。驚くべきことに、これらの5つの惑星は、なんと古代中国の時代にすでに発見されていたのです。当時の天文学者たちは、これらを「五惑星」と呼び、特別な存在として観察していました。

　では、なぜこのような名前がついたのでしょうか？　その秘密は、「五行思想」という古代中国の哲学にあります。五行思想では、世界のすべてのものを「木・火・土・金・水」という5つの要素で説明しようとしました。天文学者たちは、この考え方を使って惑星たちに名前をつけたのです。

- **水星**：最も太陽に近い惑星で、とても素早く動きます。この動きが、さらさらと流れる水のように見えたことから、「水」の星となりました。

- **金星**：夜空で非常に明るく輝くこの星。その輝きは、まるで金属（金）のような光沢を連想させ、「金」の星と名付けられました。

- **火星**：赤く輝くこの星を見て、古代の人々は炎や火を思い浮かべたのでしょう。そこで「火」の星という名前がつきました。

- **木星**：惑星の中で最も大きく、威厳のある姿をしています。大きな木のように力強く成長するイメージから、「木」の星となりました。

- **土星**：五惑星の中で最も外側にあり、ゆっくりと動きます。この落ち着い

119

Part 2 Our Solar System

steadily. This unhurried motion symbolized the stability of the earth itself, leading to its name as the "Earth" (Soil) planet.

Uranus, Neptune, and Pluto: New Discoveries and Naming

Next, let's look at the more recently discovered planets. Unlike the five classical planets, Uranus and Neptune were unknown in ancient times, so they were not named according to China's Five Elements theory. These planets were discovered in the West, and later, Japan assigned them names.

- **Uranus:** Discovered in 1781 by British astronomer William Herschel, this planet was initially called Georgium Sidus ("George's Star") in the West, after King George III. However, it was later renamed Uranus after the Greek sky god, Uranus. In Japan, 19th-century scholar Kawamoto Kōmin proposed the name "天王星" (Ten'nōsei), meaning "King of the Heavens." This name was fitting due to its connection with the sky god Uranus, and it was officially adopted.
- **Neptune:** Discovered in 1846 by French astronomer Urbain Le Verrier, this planet was named Neptune after the Roman god of the sea. In Japan, the name "海王星" (Kaiōsei) was chosen, using "海王" (Sea King) to correspond with Neptune's mythological association with the ocean.
- **Pluto:** Discovered in 1930 by American astronomer Clyde Tombaugh, this planet was named Pluto after the Roman god of the underworld. In Japan, the name "冥王星"(Meiōsei) was selected, using "冥王" (King of the Underworld) as the equivalent of Pluto's mythological counterpart. However, in 2006, the International Astronomical Union (IAU) reclassified Pluto as a dwarf planet, though its name remains unchanged.

The names of the planets we know today are deeply connected to ancient worldviews and interpretations of nature. As people gazed up at the stars, they may have imagined the connection between the cosmos and Earth.

第2部 私たちの太陽系

た動きが、安定した大地（土）の象徴として、「土」の星と呼ばれるようになりました。

天王星と海王星と冥王星：新たな発見と命名

次は、その後に発見された惑星について見てみましょう。「天王星」と「海王星」は古代には知られていなかったため、中国の五行思想による名前はありませんでした。これらの惑星は西洋で発見された後、日本でも名称が付けられました。

- **天王星**：1781年にイギリスの天文学者ウィリアム・ハーシェルによって発見されました。当初、西洋では「ジョージ王星」と呼ばれましたが、その後ギリシャ神話の天空神ウラノスにちなんで「Uranus」と名付けられました。日本では、19世紀に漢学者の川本幸民が「天王星」という名称を提案しました。これは「天の王」という意味を持ち、天空神ウラノスとの関連性もあって適切だったため採用されました。

- **海王星**：1846年にフランスの天文学者ルヴェリエによって発見されました。西洋では、ローマ神話の海の神ネプトゥーヌスにちなんで「Neptune」と名付けられました。日本では、この「Neptune」に対応する漢字として、海の神を表す「海王」という語を用いて「海王星」と名付けられました。

- **冥王星**：1930年にアメリカの天文学者クライド・トンボーによって発見され、西洋ではローマ神話の冥府の神プルートにちなんで「Pluto」と名付けられました。日本では、「Pluto」に対応する漢字として「冥王」が選ばれ、「冥王星」と命名されました。しかし、2006年に国際天文学連合（IAU）によって「惑星」から「準惑星」に分類されましたが、その名前は今も変わらず使われています。

このように、私たちがよく知っている惑星の名前には、昔の人々の宇宙観や自然観が詰まっています。彼らは、夜空の星々を見上げながら、宇宙と地球のつながりを想像していたのかもしれません。

◉ Dwarf Planets

In addition to Pluto, there are four other dwarf planets in our solar system: **Ceres**, Eris, Makemake, and Haumea. All of them are in the Kuiper Belt except for Ceres, which is in the **asteroid belt** between Mars and Jupiter. Ceres is about the size of France, and it is made up of mostly rock and ice. It is thought that it could have become a planet, but the powerful gravity of Jupiter **prevented** it from growing larger.

Ceres ケレス

Makemake マケマケ

Eris is the second-largest dwarf planet in the Kuiper Belt. It is slightly smaller in diameter than Pluto, but it has a larger mass. Eris was discovered in 2005, and it **caused a lot of controversy** because it was initially thought to be the tenth planet in our solar system. The difficulty in deciding whether it was a planet or not was what led to Pluto being classified as a dwarf planet.

> **Space Fact:** There may be other dwarf planets that have not been discovered yet. Some experts think that there may be as many as 200 in the Kuiper Belt.

第2部 私たちの太陽系

準惑星

　冥王星のほかにも、太陽系には4つの準惑星があります。それは**ケレス**、エリス、マケマケ、ハウメアです。これらはすべてカイパーベルトにありますが、ケレスだけは火星と木星の間にある**小惑星帯**に位置しています。ケレスの赤道面の大きさはフランスほどの大きさで、主に岩と氷から成り立っています。惑星になれた可能性があると考えられていますが、木星の強力な重力によって成長が**阻まれた**とされています。

ケレスは小惑星帯の中で最大の天体で、直径は約950キロメートル。

　エリスはカイパーベルトで2番目に大きな準惑星です。直径は冥王星よりわずかに小さいものの、質量は大きいです。エリスは2005年に発見され、当初は太陽系の10番目の惑星と考えられたため、**大きな論争を引き起こしました。**惑星かどうかを決めることが難しかったため、それが冥王星を準惑星に分類するきっかけとなりました。

宇宙の豆知識　まだ発見されていない準惑星が他にも存在する可能性があります。専門家の中には、カイパーベルトに最大で200個の準惑星が存在するかもしれないと考える人もいます。

Part 2 Our Solar System

Asteroids

Asteroids are small, rocky bodies that orbit the sun. They are thought to be the remnants of the early solar system, when the planets were forming. They are mainly found in the asteroid belt, which lies between the orbits of Mars and Jupiter. This belt is also the boundary between the inner **rocky planets** like Earth and Mars, and the **gas giants**, like Saturn and Jupiter.

Asteroids in this region range in size from a few meters to hundreds of kilometers in diameter. It is thought that there could be up to 1.9 million asteroids larger than 1 kilometer in diameter there, as well as countless smaller ones.

Asteroids can also be dangerous. It is thought that in 1908, an asteroid exploded over Tunguska, Siberia, and caused a **massive explosion** that flattened forests over an area of about 2,000 square kilometers.

Space Fact: Some asteroids have their own moons. There is an asteroid called Ida between Mars and Jupiter that has a moon named Dactyl.

小惑星

小惑星は、太陽を公転する小さな岩石の天体です。これらは、惑星が形成されていた初期の太陽系の名残だと考えられています。小惑星は主に火星と木星の軌道の間にある小惑星帯に存在しています。この帯は、地球や火星といった内側の**岩石惑星**と、土星や木星のような**巨大ガス惑星**との境界でもあります。

この領域にある小惑星の大きさは、数メートルから数百キロメートルまでさまざまです。直径1キロメートル以上の小惑星が最大で190万個存在する可能性があると考えられており、それよりも小さな小惑星は数え切れないほどあります。

小惑星は危険な存在にもなり得ます。1908年、シベリアのツングースカ上空で小惑星が爆発し、約2000平方キロメートルの範囲の森林をなぎ倒す**大爆発**を引き起こしたと考えられています。

> 小惑星には貴重な金属や水が豊富に含まれていると考えられ、将来的な資源利用への布石として探査が進められている。

宇宙の豆知識 一部の小惑星には独自の衛星を持っているものもあります。火星と木星の間にある小惑星「イダ」には、「ダクティル」という名前の衛星があります。

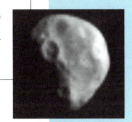

Dactyl
探査機ガリレオによるダクティル

Part 2 Our Solar System

Comets

Comets are some of the most amazing and mysterious objects in space. These giant balls of ice and dust travel around the sun in long, **oval-shaped paths**. Sometimes, they come very close to the sun and Earth, and we can see them in the sky with our eyes or telescopes.

Comets are leftovers from the time when the sun and the planets were formed, about 4.6 billion years ago. They are mostly made of frozen water, carbon dioxide, **ammonia**, and methane, mixed with rocks and dust. They are very cold and hard when they are far away from the sun, but when they get closer, they start to heat up and melt. This is when they become visible to us.

As a comet approaches the sun, some of its ice turns into gas and escapes from its surface. This gas forms a huge cloud around the comet's core. The cloud is called the **coma**, and it can be bigger than a planet! The sun's light makes the coma glow brightly, and the sun's wind pushes some of the gas and dust away from the comet. This creates a **long tail** that stretches behind the comet for millions of kilometers.

Comets actually have two tails: one made of dust and one made of gas. The dust tail is white and curved, and it follows the comet's path. The gas tail is blue and straight, and it points away from the sun. Sometimes, we can see both tails with our eyes, but other times we need special instruments to see them.

彗星

　彗星は宇宙で最も驚くべき、そして神秘的な天体の一つです。氷と塵でできたこれらの巨大な球体は、太陽の周りを長い**楕円形の軌道**で公転します。時には太陽や地球に非常に接近し、私たちは肉眼や望遠鏡でその姿を見ることができます。

　彗星は、約46億年前に太陽と惑星が形成された時代の残骸です。それらは主に凍った水、二酸化炭素、**アンモニア**、メタンが岩や塵と混ざり合って構成されています。彗星は太陽から遠く離れていると非常に冷たく硬いのですが、太陽に近づくと温まり、溶けはじめます。これにより、彗星は私たちの目に見えるようになります。

　彗星が太陽に近づくと、その氷の一部がガスに変わり、表面から逃げ出します。このガスは彗星の核の周りに巨大な雲を形成します。この雲は「**コマ**」と呼ばれ、惑星よりも大きくなることもあります！　太陽の光がコマを明るく輝かせ、太陽風が彗星からガスと塵の一部を押し出します。これにより、彗星の後ろに**長い尾**ができ、その尾は数百万キロメートルにも伸びます。

　彗星には実際に2つの尾があります。1つは塵でできた尾、もう1つはガスでできた尾です。塵の尾は白く曲がっており、彗星の軌道に沿っています。ガスの尾は青く、真っ直ぐに伸びていて、太陽から反対方向に向かっています。時には両方の尾が肉眼で見えることもありますが、他の時は特別な機器が必要です。

彗星の通り道に地球が入ると、流れ星が多数出現する「流星群（meteor shower）」が観測される。

Part 2 Our Solar System

There are many comets in space, but only a few of them are famous. One of them is **Halley's Comet**, which visits the sun every 76 years. The last time it was here was in 1986, and the next time will be in 2061. Another one is **Comet NEOWISE**, which was discovered in 2020 by a NASA telescope. It was very bright and beautiful in July 2020, but it will not return for another 6,800 years!

Halley's Comet
ハレー彗星

Space Fact: The chances of Earth being hit by a comet in a year are very low—about 1 in 300,000.

第 2 部 私たちの太陽系

　宇宙には多くの彗星がありますが、その中でも有名なものはほんの少しです。その1つが**ハレー彗星**で、76年ごとに太陽を訪れます。最後に地球に接近したのは1986年で、次回は2061年です。もう1つは、2020年にNASAの望遠鏡で発見された**NEOWISE彗星**です。この彗星は2020年7月に非常に明るく美しく輝きましたが、次に戻ってくるのは6800年後です！

Comet NEOWISE
NEOWISE 彗星

宇宙の豆知識　1年間に彗星が地球に衝突する確率は非常に低く、約30万分の1です。

129

Part 3

Space Exploration

第３部
宇宙探査

Ancient Dreams and Early Discoveries

The **quest** to understand the cosmos began long ago. In ancient times, people looked up at the night sky, observing the twinkling stars and the mysterious movements of planets. Many ancient peoples believed that they were looking up at heaven or that things like comets or **meteors** were a sign that something terrible was going to happen on Earth.

As years passed, these dreams of understanding led to significant discoveries. Ancient civilizations like the **Babylonians** and Greeks noticed patterns in the sky and mapped the movements of the stars and planets. They marked the **passage of time** through the changing positions of these celestial bodies, helping them predict seasons and navigate the seas.

> **Space Fact:** Stars twinkle because their light passes through Earth's atmosphere. Differences in temperature and density cause it to bend slightly, and this causes its brightness to change. In space, where there is no atmosphere, stars do not twinkle.

第3部 宇宙探査

古代の夢と初期の発見

　宇宙を理解しようとする**探求**は、はるか昔から始まりました。古代の人々は夜空を見上げ、輝く星々や惑星の神秘的な動きを観察しました。多くの古代の人々は、夜空を天国だと考え、彗星や**流星**のような現象は地球上で何か恐ろしいことが起きる前兆だと信じていました。

　時が経つにつれ、理解したいというこれらの夢は重要な発見へとつながりました。**バビロニア人**や**ギリシャ人**などの古代文明は、空に現れるパターンを見つけ、星や惑星の動きを地図にしました。彼らはこれらの天体の位置の変化を通じて**時間の経過**を記録し、それを基に季節を予測したり、海を航海したりしました。

　宇宙の豆知識　星がきらきら光るのは、その光が地球の大気を通過するからです。温度や密度の違いが光をわずかに曲げ、このため星の明るさが変わります。宇宙空間では大気がないため、星はきらめきません。

133

Part 3 Space Exploration

Constellation Wonderland: The Stories Written in the Night Sky

Have you ever looked up at the night sky and connected the stars to create pictures? Actually, ancient people did the same thing, and that's how constellations were born.

What Are Constellations?

Constellations are imaginary pictures formed by connecting stars with lines in the night sky. Ancient people saw patterns and thought, "That looks like a bear!" or "That resembles a hero!" They're like a giant sketchbook stretched across the heavens.

Why Did People Create Constellations?

• Painting Myths in the Sky

Ancient cultures linked constellations to myths and legends. For example, Greek mythology's heroes and monsters are depicted in the sky. Being able to recall these fascinating stories every time you look up at the night sky is truly captivating.

• A Celestial Calendar

For ancient people, constellations served as an important calendar. They used them to track the seasons, thinking, "When that constellation appears, it's time to plant crops." In Egypt, Sirius—the brightest star in Canis Major— was used to predict the flooding of the Nile River.

• Navigating the Seas

For sailors, constellations were essential guides. The North Star (Polaris) in Ursa Minor was especially valuable for navigation, helping them determine

星座のワンダーランド──夜空に描かれた物語

　皆さんは夜空を見上げたとき、星と星をつないで絵を描いたことはありませんか？　実は、古代の人々もそうしていました。それが「星座」の始まりなのです。

星座とは何か？

　星座は、夜空の星々を線で結んで作った、想像上の絵のようなものです。古代の人々が、「あっ、あの星の並びは熊みたい！」「あれは勇者の姿だ！」と思いついて作りました。まるで、空いっぱいに広がる巨大なお絵かき帳のようですね。

なぜ星座を作ったのか？

・神様の物語を空に描く

　古代の人々は、星座に神話や伝説の物語を重ねました。例えば、ギリシャ神話の英雄や怪物たちが、空に描かれています。夜空を見上げるたびに、すてきな物語を思い出せるなんて、ロマンチックですよね。

・お天気予報ならぬ、お星様予報

　星座は、昔の人々にとって大切なカレンダーでした。「あの星座が見えたら、そろそろ種まきの時期だ」なんて具合に、農作業の時期を決めるのに役立っていました。エジプトでは、シリウス（おおいぬ座の一等星）を見て、ナイル川の氾濫を予測していたんですよ。

・海の道しるべ

　航海士たちにとって、星座は頼もしい道しるべでした。特に北極星（こぐま座のポラリス）は、方角を知るのに大活躍。これのおかげで、広い海でも迷わ

direction. Thanks to this star, they could travel across vast oceans without losing their way.

Constellation Stories from Around the World

Today, the International Astronomical Union (IAU) officially recognizes 88 constellations. However, many more constellations exist across different cultures. In China, a unique system called "Twenty-Eight Mansions" (二十八宿, Nijūhasshuku) was tied to the Yin-Yang and Five Elements philosophy. Japan originally used Chinese constellations but adopted Western ones during the Meiji era. Interestingly, the Inca civilization named constellations not from stars but from dark nebulae—regions where starlight is blocked!

The Secret of Constellations: Are They Just an Illusion?

Here's an interesting fact. The shapes of constellations are actually just coincidental alignments from Earth's perspective. The stars within a constellation are separated by vast distances. Even more surprisingly, constellations don't stay the same forever. Since stars move in different directions within the galaxy, their arrangements shift over thousands or even tens of thousands of years. For example, Orion's Belt may look completely different in the distant future.

Imagine the stories woven into the constellations in the night sky. The imagination and wisdom of ancient people continue to captivate us even today. Constellations are a beautiful form of cosmic art, connecting the past, present, and future

ずに航海できたのです。

世界中にある星座の物語

　現在、国際天文学連合（IAU）によって公式に認められている星座は88個も
あります。でも、実は世界中にはもっとたくさんの星座があるんです。中国
では「二十八宿」という独自の星座体系があり、陰陽五行の考え方と結びつい
ていました。日本でも、昔は中国の星座を使っていましたが、明治時代にな
って西洋の星座を導入しました。面白いのはインカ文明で、彼らは星の光が
遮られて見えない暗黒の領域（暗黒星雲）に星座の名前を付けていたのです！

星座の秘密——実は幻想？

　ここで、ちょっとした秘密をお教えしましょう。私たちが見ている星座の
形は、実は地球から見たときの「偶然の配置」なんです。星と星の間には、実
際にはとてつもない距離があります。さらに驚くべきことに、星座の形は永
遠に同じではありません。星は銀河の中をそれぞれ異なる方向に動いている
ので、何千年、何万年も経つと、今の星座の形は変わってしまうのです。例
えば、オリオン座も未来には全く異なる姿になっているかもしれません。

　夜空に描かれた星座の物語を想像してみてください。古代の人々の想像力
と知恵が、今も私たちを魅了し続けています。星座は、過去と現在、そして
未来をつなぐ、素敵な宇宙のアートなんですね。

Part 3 Space Exploration

◉ The Birth of Telescopes

In the early seventeenth century, a new tool changed the way we looked at the cosmos: the **telescope**. With its invention, astronomers like **Galileo Galilei** could look up into the heavens and see things that no one had ever imagined. Galileo's observations changed many old beliefs. He saw that Jupiter had its own moons, challenging the idea that **all objects in space circled around Earth**. This discovery raised fresh questions about the nature of the universe.

Galileo Galilei
ガリレオ・ガリレイ
(1564–1642)

As time passed, more-powerful telescopes allowed us to view distant galaxies, causing scientists to realize that our Milky Way was just one among countless stars. Scientists like **Edwin Hubble** observed galaxies moving away from each other, revealing an astonishing truth: **the universe is expanding**.

> **Space Fact:** The telescope is believed to have been invented by a man named Hans Lipperhey in 1608.

望遠鏡の誕生

17世紀初頭、宇宙の見方を変える新しい道具が登場しました。それが望遠鏡です。この発明により、**ガリレオ・ガリレイ**のような天文学者たちは、これまで誰も見たことのないものを天空に観測することができるようになりました。ガリレオの観察は多くの古い信念を変えました。彼は木星に独自の衛星があることを発見し、**宇宙のすべての天体が地球を中心に回っている**という考えに挑戦しました。この発見は、宇宙の本質に関する新たな疑問を投げかけました。

Edwin Hubble
エドウィン・ハッブル
(1889–1953)

時が経つにつれて、より強力な望遠鏡が登場し、遠い銀河を観測できるようになりました。これにより、私たちの天の川銀河が無数の星々の中の一つに過ぎないことが明らかになりました。**エドウィン・ハッブル**のような科学者たちは、銀河が互いに遠ざかっている様子を観測し、驚くべき真実を明らかにしました。それは、**宇宙が膨張している**ということです。

宇宙は秒速約70キロメートルで膨張しているとされるが、正確な数値は研究中である。

> **宇宙の豆知識** 望遠鏡は1608年にハンス・リッペルヘイという人物が発明したとされています。

Part 3 Space Exploration

Dark Matter and Dark Energy

Have you ever heard of dark matter? It's actually a mysterious substance that makes up most of the universe. In Japanese, it's also called "ankoku busshitsu" (暗黒物質). Imagine something invisible yet incredibly influential in the cosmos—that's dark matter!

Why is it called "Dark"?
The reason dark matter is called "dark" is simple. It doesn't interact with light or any other electromagnetic waves. That is, no matter how advanced a telescope is, dark matter can't be observed directly.

But how do we know it exists?
Here's where it gets interesting. Even though we can't see dark matter directly, scientists are confident that it exists. How do they know about it? By observing its gravitational effects on other objects. For example, when astronomers study the movement of galaxies, they find that the visible matter alone can't explain the way they rotate. This suggests that some unseen force—dark matter—is influencing them.

Dark matter is also thought to have played a crucial role in the history of the universe. In the early universe, it helped pull matter together with gravity, forming the large-scale structure we see today.

What Is Dark Matter?
Scientists are constantly researching to uncover the true nature of dark matter. The current leading candidates are Weakly Interacting Massive Particles (WIMPs) and hypothetical lightweight particles called axions. These particles might have properties completely different from normal matter.

第 3 部　宇宙探査

ダークマター（暗黒物質）とダークエネルギー

　皆さんは、ダークマターという言葉を聞いたことはありますか？　実はこれ、宇宙の大部分を占める謎の物質のことです。日本語では「暗黒物質」とも呼ばれています。宇宙に、目に見えないけれど、とてつもなく大きな影響力を持つ何かがあるとしたら……それがダークマターなのです！

なぜ「ダーク」なのか？
　ダークマターが「ダーク（暗い）」と呼ばれる理由は簡単です。光や他の電磁波と全く相互作用しないからです。つまり、どんなに優れた望遠鏡を使っても、直接観測することができません。

存在はわかっているのか？
　ここがすごいところです。直接目に見えないのに、科学者たちはダークマターが存在すると確信しています。どうやって？　それは、ダークマターが他の物質に与える重力の影響を観察することで、間接的にその存在を確認しているのです。例えば、銀河の動きを観察すると、見える物質だけではその動きを説明できません。そこで、目に見えない何か（つまりダークマター）が影響を与えていると考えているのです。

　ダークマターは、宇宙の歴史の中でも重要な役割を果たしてきたと考えられています。初期の宇宙で、ダークマターが重力で物質を引き寄せ、現在の宇宙の構造を作り上げる手助けをしたのです。

ダークマターの正体は？
　科学者たちは、ダークマターの正体を突き止めようと日々研究を重ねています。現在の有力候補は、弱く相互作用する巨大な粒子（WIMP: ウィンプ）や「アクシオン」という仮説上の軽い粒子です。これらの粒子は、通常の物質とはまったく違う性質を持っているかもしれません。

141

* * *

Did you know the universe is still expanding? And not only that, but the rate of expansion is speeding up! Let's talk about the mysterious force behind this phenomenon—dark energy.

The Hidden Main Player in the Universe

Dark energy is a mysterious force that makes up most of the universe. In fact, it's estimated to make up about 68 percent of everything in existence. The rest consists of around 27 percent dark matter, while the ordinary matter we're familiar with accounts for just 5 percent.

How It Was Discovered

In the late 1990s, astronomers made a shocking discovery while observing distant supernovae. The universe was expanding faster than expected! This phenomenon couldn't be explained by known matter and energy alone. That's when the idea of a mysterious force called "dark energy" emerged.

Einstein's Prediction?

Actually, the famous physicist Albert Einstein actually predicted something similar long ago. His concept of the cosmological constant has since become one of the leading explanations for dark energy.

There is also another intriguing idea. According to quantum mechanics, even empty space actually contains energy. This energy may be spreading throughout the universe and accelerating its expansion.

第 3 部 宇宙探査

＊＊＊

　宇宙が今も膨張し続けているって知っていましたか？　しかも、その膨張のスピードが加速しているのです！　次は、この不思議な現象の裏にある「ダークエネルギー」についてお話ししましょう。

宇宙の隠れた主役

　ダークエネルギーは、宇宙の大部分を占める謎のエネルギーです。なんと、宇宙全体の約68％がこのダークエネルギーだと考えられています。残りは、ダークマターが約27％、そして私たちの知っている普通の物質はたったの5％なんです。

発見のきっかけ

　1990年代後半、天文学者たちが遠くの超新星を観測していたとき、彼らは驚くべき発見をしました。宇宙が予想以上のスピードで膨張していたのです！　これは、今まで知られていた物質やエネルギーだけでは説明できない現象でした。そこで考えられたのが、この謎のエネルギー「ダークエネルギー」の存在です。

アインシュタインの予言？

　実は、かの有名な物理学者アルベルト・アインシュタインが、ずっと昔にこのダークエネルギーに似たものを予言していたのです。彼の「宇宙定数」という考え方が、今のダークエネルギーの説明の一つとして注目されています。

　もう一つの面白い考え方があります。量子力学に基づく仮説によると、何もないはずの真空にも、実はエネルギーがあるのだそうです。このエネルギーが宇宙全体に広がって、膨張を加速させているのかもしれません。

Albert Einstein
アルベルト・アインシュタイン
(1879–1955)

Part 3 Space Exploration

There is also a hypothesis with the difficult name "quintessence." This idea suggests that dark energy changes over time. The strength of this energy may have varied throughout the history of the universe.

Furthermore, there's an even more radical idea. Dark energy might not exist at all. Instead, this hypothesis suggests that the very laws of gravity may be different from what we currently understand.

The true nature of dark matter and dark energy is still unknown. However, solving this mystery could revolutionize our understanding of the universe's past and future.

第 3 部 宇宙探査

　また、「クインテッセンス」という難しい名前の仮説もあります。これは、ダークエネルギーが時間とともに変化するという考え方です。宇宙の歴史の中で、このエネルギーの強さが変わってきたのかもしれません。

　さらに、ちょっと過激な考え方もあります。ダークエネルギーなんて存在しないかもしれない。その代わり、重力の法則自体が私たちの知っているものとは違うのかもしれない、という仮説です。

　ダークマターとダークエネルギーの正体はまだわかっていません。でも、この謎を解くことで、宇宙の過去と未来についての理解が大きく変わるかもしれません。

145

Part 3 Space Exploration

 Early Rocket Pioneers

The earliest rockets were used as weapons in China as early as the thirteenth century. These were made of bamboo tubes filled with **gunpowder**. Later, in the nineteenth century, a Russian physicist named **Konstantin Tsiolkovsky** developed what is called "the rocket equation," which was necessary for the modern rockets that we use today. He showed that the speed of a rocket can be calculated using things like the mass of the fuel burned and the force that the **exhaust gases** will produce. This **principle** is still used today in the design of rockets. Tsiolkovsky also developed the concept of the **multistage rocket**, which is a rocket that uses multiple stages to reach high altitudes. He is also known for saying, "Earth is the **cradle** of humanity, but one cannot remain in the cradle forever."

Another major breakthrough in space exploration came in 1926, when **Robert Goddard** used Tsiolkovsky's ideas to launch the first **liquid-fueled rocket**. This was an incredible achievement, as it showed that we could now build rockets that were powerful enough to reach space.

> **Space Fact:** To escape from Earth's gravity, a rocket must travel at about 40,000 kilometers per hour.

第3部 宇宙探査

初期ロケットのパイオニアたち

　最初のロケットは、13世紀の中国で武器として使用されていました。これらは**火薬**を詰めた竹筒で作られていました。その後、19世紀にはロシアの物理学者**コンスタンチン・ツィオルコフスキー**が「ロケット方程式」を開発しました。これは、現代のロケットを作るために必要なもので、燃料の質量や**排気ガス**が生み出す力を使ってロケットの速度を計算する方法を示しました。この**原則**は、今日のロケット設計にも使用されています。また、ツィオルコフスキーは、**多段式ロケット**の概念も発展させました。これは、複数の段を使って高高度に到達するロケットです。彼はまた、「地球は人類の**揺りかご**だが、揺りかごに永遠にとどまることはできない」という言葉でも知られています。

Konstantin Tsiolkovsky
コンスタンチン・ツィオルコフスキー（1857–1935）

　さらに宇宙探査における重要な突破口が1926年にありました。**ロバート・ゴダード**がツィオルコフスキーのアイデアを用いて、初の**液体燃料ロケット**を打ち上げたのです。これは非常に素晴らしい成果であり、宇宙に到達するのに十分な力を持つロケットを作ることができることを示しました。

Robert Goddard and His Rocket
ロバード・ゴダード（1882–1945）と彼が開発したロケット

> **宇宙の豆知識**　地球の重力を脱出するためには、ロケットは時速約4万キロメートルで進まなければなりません。

Part 3 Space Exploration

⦿ War and Rockets

Sadly, the next breakthrough in space exploration **came at a terrible price**. During World War II, Hitler and the Nazis recruited a brilliant scientist named **Wernher von Braun** to build rockets that would be used as weapons. Wernher's rocket was called the **V-2** and was the first human-made object to travel into space. The V-2 was used to hit distant targets, and the attacks resulted in the deaths of about 2,700 people. However, the V-2 also had a significant impact on the development of space exploration, paving the way for the development of **artificial satellites** and **manned spaceflight**.

V-2 Rocket
V-2ロケット

After World War II, von Braun was brought to the United States. There is strong evidence that he was a war criminal, but he was also a brilliant scientist. Von Braun worked for NASA for many years, and was responsible for the development of the American space program, including the *Saturn V* rocket, which was used to launch the **Apollo missions** to the moon. Von Braun was a visionary leader, and he **played a major role** in the development of space exploration.

第3部 宇宙探査

戦争とロケット

悲しいことに、宇宙探査における次の大きな突破口は、**恐ろしい代償を伴いました**。第二次世界大戦中、ヒトラーとナチスは兵器として使用するために、優れた科学者**ヴェルナー・フォン・ブラウン**を雇いました。フォン・ブラウンが開発したロケットは**V-2**と呼ばれ、これが人類によって作られた初めて宇宙に到達した物体でした。V-2は遠距離の標的を攻撃するために使用され、その攻撃で約2700人が命を落としました。しかし、V-2は宇宙探査の発展にも大きな影響を与え、**人工衛星**や**有人宇宙飛行**の開発への道を開きました。

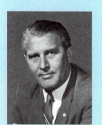

Wernher von Braun
ヴェルナー・フォン・ブラウン(1912–1977)

Saturn V
サターンV

第二次世界大戦後、フォン・ブラウンはアメリカに移されました。彼が戦争犯罪者であったことを示す強い証拠がありますが、同時に彼は優れた科学者でもありました。フォン・ブラウンはNASAで長年働き、アメリカの宇宙計画、特に**アポロ計画**で月に人類を送るために使用されたサターンVロケットの開発を担当しました。フォン・ブラウンは先見の明を持つリーダーであり、宇宙探査の発展において**重要な役割を果たしました**。

149

Part 3 Space Exploration

In the years following World War II, the Western world, led by the United States, confronted the communist nations of the **USSR**, and **rockets** and **missiles** were a huge part of the competition. The main difference between a rocket and a missile is what it is carrying. If it has astronauts or a satellite aboard, then it is a rocket, and if it has **explosives** or a **nuclear bomb** on it, then it is a missile. Both sides wanted to explore space, but it was deeply connected with the struggle between communism and democracy.

Space Fact: The *Saturn V* rocket burned more fuel in one second than Charles Lindbergh used when he made the first solo crossing of the Atlantic Ocean.

第3部 宇宙探査

第二次世界大戦後、西側諸国はアメリカを中心に旧ソ連の共産主義国家と対立しました。そして、**ロケットとミサイル**はこの競争の中で大きな役割を果たしました。ロケットとミサイルの主な違いは、それが何を運んでいるかです。宇宙飛行士や衛星を載せている場合はロケットであり、**爆発物**や**核爆弾**を載せている場合はミサイルです。両陣営とも宇宙を探査したいと考えていましたが、それは共産主義と民主主義の闘争と深く結びついていました。

> **宇宙の豆知識**　サターンVロケットは、1秒間でチャールズ・リンドバーグが大西洋を単独横断したときに使った燃料よりも多くの燃料を燃焼させました。

Charles Lindbergh
チャールズ・リンドバーグ(1902–1974)

Part 3 Space Exploration

◉ Sputnik 1 and Yuri Gagarin

In 1957 the USSR launched *Sputnik 1*, the first artificial satellite to orbit Earth. The United States was not prepared for the launch of *Sputnik*, and it was seen as a major victory for the Soviet Union. This evidence that the USSR was **so far ahead** in space technology led to a new sense of urgency in the United States.

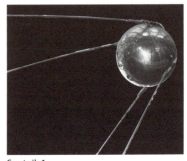

Sputnik 1
スプートニク1号

Then, in 1961, the Soviet Union achieved another **major milestone** in the Space Race. **Yuri Gagarin** became the first human to orbit Earth. Gagarin's flight was another major victory for the Soviet Union. It made the US realize that it needed to do something dramatic to narrow the USSR's lead in space. The government increased funding for the space program, and it started to develop new rockets and **spacecraft**.

Space Fact: *Sputnik* had a diameter of just 58 centimeters, about the size of a beach ball.

第3部 宇宙探査

スプートニク1号とユーリ・ガガーリン

　1957年、旧ソ連は地球を周回する最初の人工衛星であるスプートニク1号を打ち上げました。アメリカはスプートニクの打ち上げを予見しておらず、これは旧ソ連の大きな勝利と見なされました。旧ソ連が宇宙技術において**これほど先行している**という証拠は、アメリカに新たな危機感をもたらしました。

Yuri Gagarin
ユーリ・ガガーリン
(1934–1968)

　そして1961年、旧ソ連は宇宙競争においてさらに**重要な成果**を達成しました。**ユーリ・ガガーリン**が人類初の地球周回軌道飛行を成功させたのです。ガガーリンの飛行は旧ソ連にとってさらなる大きな勝利となり、アメリカは旧ソ連の優位を縮めるために劇的な行動を起こす必要があると認識しました。政府は宇宙計画への資金を増加させ、新しいロケットや**宇宙船**の開発を開始しました。

> **宇宙の豆知識**　スプートニクの直径はわずか58センチメートルで、ビーチボールほどの大きさでした。

153

The Apollo Program and the First Moon Landing

In 1962, President John F. Kennedy announced that the United States was going to **put a man on the moon** before the end of the decade. Thus began the Apollo program, one of the most daring and ambitious projects in human history.

The Apollo program involved thousands of engineers, scientists, technicians, and astronauts who worked together to design, build, test, and operate the spacecraft and equipment needed for the **lunar missions**. The program faced many challenges and setbacks, such as budget limitations, technical difficulties, and terrible accidents. One of the most horrible moments was the *Apollo 1* fire, which killed three astronauts during a pre-launch test in 1967. The program also had to **overcome** public criticism, as some people questioned the value and morality of spending so much money on space exploration.

Despite these **obstacles**, the Apollo program continued. The first manned flight in the Apollo program was *Apollo 7* in 1968, which tested the command and service module in Earth orbit. The

Apollo 1 Command Module
燃え上がった炎で真っ黒に焦げたアポロ1号の司令船

第 3 部　宇宙探査

アポロ計画と初の月面着陸

John F. Kennedy
ジョン・F・ケネディ (1917–1963)

　1962年、当時のジョン・F・ケネディ大統領は、アメリカがこの10年以内に**人類を月に送り込む**と発表しました。こうして、アポロ計画が始まり、これは人類史上で最も大胆で野心的なプロジェクトの一つとなりました。

　アポロ計画には、**月面ミッション**に必要な宇宙船や機器を設計・製造・テスト・運用するために、何千人ものエンジニア、科学者、技術者、宇宙飛行士が参加しました。この計画は、予算の制限や技術的な難題、そして悲惨な事故など、数々の困難に直面しました。その中でも最も悲劇的だったのは、1967年にアポロ1号の打ち上げ前の試験中に起きた火災事故で、3人の宇宙飛行士が命を落としたことです。また、宇宙探査に巨額の資金を投入することの価値や道徳性について批判する声もあり、世論の反発にも**対処する必要がありました**。

　こうした**障壁**があったにもかかわらず、アポロ計画は続行されました。アポロ計画の初の有人飛行は1968年のアポロ7号で、地球軌道上で司令船と機械船(指令モジュールとサービスモジュール)のテストが行われました。同じ年、アポロ8号が地球軌道を離れ、**月を周回する**初の有人宇宙船となり、次の重要な節目を迎えました。

next milestone came that same year, when *Apollo 8* became the first manned spacecraft to leave Earth orbit and **circle the moon**.

The astronauts who participated in the Apollo missions faced many risks and challenges, such as launch failures, **radiation exposure**, equipment malfunctions, and dangers on the moon. They also had to endure long periods of isolation, stress, and physical discomfort.

Finally, the moment of truth arrived. *Apollo 11* was launched on July 16, 1969, with three astronauts on board: **Neil Armstrong**, Edwin "Buzz" Aldrin, and Michael Collins. After four days of traveling through space, Armstrong and Aldrin separated from Collins and entered the **lunar module**, named *Eagle*, for their descent to the moon. The descent was extremely dangerous, and the *Eagle* had only a few seconds worth of fuel left when it landed on a flat area in the **Sea of Tranquility**. Armstrong radioed back to Earth: "Houston, Tranquility Base here. The Eagle has landed."

Apollo 11 Crew
アポロ11号の搭乗員。左からアームストロング、コリンズ、オルドリン

第 3 部 宇宙探査

Apollo 8: Earthrise
アポロ 8 号から撮影された、月面から昇る地球

アポロミッションに参加した宇宙飛行士たちは、打ち上げ失敗、**放射線被曝**、機器の故障、月面での危険など、多くのリスクと課題に直面しました。また、長期間の孤立、ストレス、肉体的な不快感にも耐えなければなりませんでした。

ついにその瞬間が訪れました。1969 年 7 月 16 日、**ニール・アームストロング**、エドウィン「バズ」・オルドリン、マイケル・コリンズの 3 人の宇宙飛行士を乗せてアポロ 11 号が打ち上げられました。4 日間の宇宙旅行の後、アームストロングとオルドリンはコリンズと離れ、月面への降下のために「イーグル」と名付けられた**月着陸船**に乗り込みました。降下は非常に危険で、イーグルが**静かの海**の平坦な地域に着陸したときには、わずか数秒分の燃料しか残っていませんでした。アームストロングは地球に向けて無線でこう伝えました：「ヒューストン、こちらトランキリティ基地。イーグルが着陸しました。」

「静かの海 (Sea of Tranquility)」は月面の中央から東寄りにある月の海（濃い色の玄武岩で覆われた月の平原）で、月で餅つきをしているウサギの顔にあたる。海と呼ばれているが、地球の海のように水があるわけではない。

Lunar Module Eagle
月着陸船イーグル

157

About six hours later, Armstrong opened the hatch and stepped out of the lunar module. He became the first human to walk on the moon. He spoke his famous words: "That's one small step for [a] man, one **giant leap** for mankind." Aldrin soon joined him outside, and they spent about two hours on the lunar surface. They collected rocks, **planted a flag**, talked to President Richard Nixon on Earth, and left behind a plaque that read: "Here men from the planet Earth first set foot upon the moon July 1969 A.D. We came in peace for all mankind."

After rejoining Collins in orbit, they began their journey back to Earth. They **came down in the Pacific Ocean** on July 24, 1969. They were greeted by cheering crowds and honored by parades and ceremonies around the world.

The Apollo program continued with six more missions to the moon until 1972. Twelve men walked on the moon in total, exploring different regions and conducting various experiments. They also brought back about 382 kilograms of **lunar rocks** and soil samples for scientific analysis. The last mission was *Apollo 17*. It was the end of an era.

Apollo 17
アポロ17号

第 3 部 宇宙探査

約 6 時間後、アームストロングはハッチを開け、月着陸船から出て月面に足を踏み出しました。彼は月面を歩いた最初の人間となり、有名な言葉を残しました。「これは一人の人間にとっては小さな一歩だが、人類にとっては**大きな飛躍**だ。」続いてオルドリンも月面に出てきて、二人は約 2 時間を月面で過ごしました。彼らは月の岩を採取し、**旗を立て**、地球のリチャード・ニクソン大統領と会話を交わしました。そして、「ここに地球の人類が初めて月に降り立った 西暦1969年7月 我々は全人類のために平和の名の下に来訪した」と刻まれた記念の銘板を残しました。

Neil Armstrong - First Moon Landing
初めて月面に降り立った**アームストロング**

軌道上でコリンズと再合流した後、彼らは地球への帰還の旅を始めました。1969年7月24日に**太平洋に着水しました**。彼らは歓声を上げる群衆に迎えられ、世界中でパレードや式典によって称えられました。

アポロ計画は1972年までに6回の月面ミッションを続けました。合計で12人が月面を歩き、異なる地域を探査し、さまざまな実験を行いました。彼らはまた、科学的分析のために**月の岩や土壌サンプル約382キログラム**を持ち帰りました。最後のミッションはアポロ17号であり、それは一つの時代の終わりを意味していました。

NASAの宇宙服は1着約1200万ドル(約18億円)かかるとされる。地上では約130kgもあるが、宇宙では無重力のため影響を受けない。

Part 3 Space Exploration

The Apollo program was a testament to **human curiosity**, creativity, and ambition. It was also a victory for the United States in the Space Race, as it achieved what the Soviet Union could not: landing humans on the moon and bringing them back safely. The Soviet program, which had **been plagued** by internal rivalries, political interference, and lack of funding, was unable to launch its own manned lunar mission before the United States. The Soviet program then shifted its focus to developing space stations and robotic missions to other planets. The Soviet space program continued until the end of the Soviet Union in 1991, after which it was reorganized as the Russian space program.

Space Fact: The footprints left by Apollo astronauts on the moon will probably remain for millions of years due to the lack of erosion.

第3部 宇宙探査

　アポロ計画は、**人間の好奇心**、創造性、野心の証でした。また、アメリカにとって宇宙競争における勝利でもありました。アメリカは旧ソ連が成し遂げられなかったこと、すなわち人類を月に着陸させ、無事に帰還させることを達成しました。一方、旧ソ連の宇宙プログラムは、内部の対立や政治的干渉、資金不足に**悩まされており**、アメリカに先駆けて有人月面ミッションを実施することができませんでした。その後、旧ソ連のプログラムは宇宙ステーションの開発や他の惑星へのロボットミッションに焦点を移しました。旧ソ連の宇宙プログラムは1991年のソ連崩壊まで続き、その後ロシアの宇宙プログラムとして再編されました。

旧ソ連は1971年に世界初の宇宙ステーション「サリュート1号」を打ち上げた。

宇宙の豆知識　アポロ宇宙飛行士が月面に残した足跡は、風化がないため、何百万年もの間そのまま残る可能性があります。

161

◉ The Space Shuttle

Space Shuttle
スペースシャトル
(写真は2007年10月23日に発射されたディスカバリー号)

The space shuttle was a **reusable spacecraft** that was first launched by the United States in 1981. It was designed to carry up to eight people and a large amount of cargo into **low Earth orbit**.

The space shuttle was a major technological achievement because it took off like a rocket, but it could be landed like an airplane. Because it could be reused, it was thought that this would save a lot of money. In reality, though, it turned out to be far more expensive than ordinary rockets. It did, however, make it possible to launch the **Hubble Space Telescope** and construct the **International Space Station**.

Sadly, there were two tragic accidents involving space shuttles, the *Challenger* Disaster in 1986 and the *Columbia* Disaster in 2003, in which the **entire crews** of both spacecraft were killed.

第 3 部 宇宙探査

スペースシャトル

スペースシャトルは、1981年にアメリカ合衆国が初めて打ち上げた**再利用可能な宇宙船**です。最大8人の乗員と大量の貨物を**低高度地球軌道**に運ぶことができるように設計されていました。

スペースシャトルは、ロケットのように打ち上げられながら、飛行機のように着陸できるという点で大きな技術的成果でした。再利用可能であることから、多くの費用を節約できると考えられていました。しかし、実際には通常のロケットよりもはるかに高価であることが判明しました。それでも、スペースシャトルは**ハッブル宇宙望遠鏡**の打ち上げや、**国際宇宙ステーション**の建設を可能にしました。

悲しいことに、スペースシャトルに関わる2つの悲劇的な事故がありました。1986年のチャレンジャー号事故と2003年のコロンビア号事故で、両方の宇宙船の**乗組員全員が命を落としました。**

Challenger Disaster
チャレンジャー号の空中分解直後

Part 3 Space Exploration

However, NASA and the astronauts carried on despite the tragedies, and the space shuttle remained a **versatile** spacecraft that played a major role in space exploration until 2011.

Space Fact: It is estimated that the Space Shuttle program cost about $196 billion. Since there were 135 flights, that's about $1.45 billion per flight.

第3部 宇宙探査

　それでも、NASAと宇宙飛行士たちは悲劇を乗り越えて任務を続け、スペースシャトルは2011年まで宇宙探査において重要な役割を果たす、**多用途で汎用性の高い宇宙船**であり続けました。

宇宙の豆知識　スペースシャトル計画の総費用は約1960億ドルと推定されています。135回の飛行があったことから、1回の飛行あたり約14.5億ドルかかったことになります。

Part 3 Space Exploration

 The International Space Station

The International Space Station, or ISS for short, is a huge structure that orbits around the Earth. It is like a home and a **laboratory** in space, where astronauts from different countries live and work together. The ISS is one of the most amazing and important achievements of humanity in space exploration.

The ISS is the largest and heaviest object that humans have ever put into space. It is approximately 108.5 meters by 72.8 meters in size, roughly equal to a soccer field, and weighs more than 300 cars. It has many parts, including **modules**, trusses, solar arrays, and robotic arms. The modules are where the astronauts live and do experiments. The trusses are the metal beams that hold the solar arrays, which are the panels that collect sunlight and turn it into electricity. The robotic arms are used to move things around and help with repairs.

国際宇宙ステーション

国際宇宙ステーション(ISS)は、地球を周回する巨大な構造物です。それは宇宙における家であり、**実験室**でもあり、異なる国々から来た宇宙飛行士たちが共に生活し、**働**く場所です。ISSは、人類の宇宙探査における最も素晴らしく重要な成果の一つです。

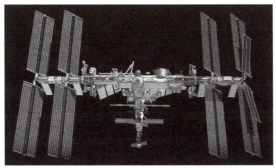

The International Space Station (ISS)
国際宇宙ステーション

ISSは、これまで人類が宇宙に送り出した中で最大かつ最重量の物体です。大きさは約108.5メートル×72.8メートルでサッカー場とほぼ等しく、質量は300台以上の車と同じくらいあります。ISSは、**モジュール**、トラス、太陽電池アレイ、ロボットアームなど多くの部品で構成されています。モジュールは宇宙飛行士たちが生活し、実験を行う場所です。トラスは太陽電池アレイを支える金属製の梁で、太陽電池アレイは太陽光を集めて電気に変換するパネルです。ロボットアームは物を動かしたり、修理を支援したりするために使用されます。

> ISSでは宇宙飛行士の尿や汗を浄化して、飲料水や食事、実験用水などに再利用している。

Part 3 Space Exploration

Because it is so big, the ISS could not be launched **as one piece**. Instead, many pieces were joined together in space. It took more than 50 flights by rockets and space shuttles to bring all the parts to orbit. The first piece was launched in 1998, and the last piece was added in 2021. The ISS is always changing, as new parts and experiments are added or removed.

The ISS **orbits around the Earth** at a speed of about 28,000 kilometers per hour. That means it goes around the Earth once every 90 minutes. Sometimes, the ISS passes over your location, and you can see it in the night sky as a bright star moving fast. No matter where you are in the world, you can use a website like https://spotthestation. nasa.gov/ to find out when and where to look for it.

Ever since November 2000, the ISS has been continuously occupied. More than 240 people from 19 countries have visited it so far. The crew usually **consists of** six or seven astronauts from different countries, such as the United States, Russia, Japan, Canada, Italy, France, and Germany. They stay on board for about six months at a time, and then return to Earth on a spacecraft. Sometimes, more people are on board during crew changes or special visits.

The main purpose of the ISS is to **do scientific research** in space. The astronauts conduct experiments in many fields, such as biology, physics, medicine, and astronomy. They study how living things and materials behave **in**

第3部 宇宙探査

　ISSは非常に大きいため、**1つの塊として打ち上げること**はできませんでした。代わりに、多くの部品が宇宙で組み立てられました。すべての部品を軌道に運ぶためには、ロケットやスペースシャトルによる50回以上の飛行が必要でした。最初の部品は1998年に打ち上げられ、最後の部品は2021年に追加されました。ISSは常に変化しており、新しい部品や実験が追加されたり、古いものが取り除かれたりしています。

　ISSは時速約2万8000キロメートルで**地球を周回しています**。つまり、90分ごとに地球を1周していることになります。時々、ISSがあなたのいる場所の上空を通過し、夜空で速く動く明るい星のように見えることがあります。世界中どこにいても、https://spotthestation.nasa.gov/ のようなウェブサイトを使って、ISSがいつどこで見えるかを確認できます。

　2000年11月以来、ISSは常に有人で運用されています。これまでに19か国から240人以上の人々が訪れました。通常、乗組員はアメリカ、ロシア、日本、カナダ、イタリア、フランス、ドイツなどの国々から6人または7人の宇宙飛行士で**構成されています**。彼らは約6か月間ISSに滞在し、その後宇宙船で地球に帰還します。乗組員の交代や特別な訪問の際には、さらに多くの人々が搭乗することもあります。

　ISSの主な目的は、宇宙での**科学研究を行う**ことです。宇宙飛行士たちは、生物学、物理学、医学、天文学などの多くの分野で実験を行っています。彼らは**微小重力環境下**での生物や物質の挙動を研究し、将来の宇宙ミッションに役

ISSでは微小重力の環境でバスケットボールやサッカーが試されたことがある。

169

microgravity. They also test new technologies and equipment that could be useful for future space missions. Some of the experiments are inside the modules, while others are outside on the trusses or platforms.

The ISS is also a place where humans learn how to live and work in space for long periods of time. The astronauts have to deal with many challenges and risks, such as isolation, radiation, extreme temperatures, **space debris**, and more. It is also important for them to exercise every day to keep their muscles and bones healthy. They have to eat special food that is dried or canned, but unfortunately, food does not taste as good in space.

The ISS is a remarkable example of international cooperation and peaceful exploration of space. It shows what humans can achieve when they **work together for a common goal**. It also inspires us to learn more about our planet and our universe. The ISS is not only a space station, but also a **symbol of hope**.

Space Fact: The astronauts on the ISS see 16 sunrises and sunsets every day!

第3部 宇宙探査

立つ可能性のある新しい技術や機器のテストも行っています。いくつかの実験はモジュール内で行われ、他の実験は外部のトラスやプラットフォーム上で行われます。

ISSはまた、人類が長期間宇宙で生活し、働く方法を学ぶ場所でもあります。宇宙飛行士たちは、孤立、放射線、極端な温度、**宇宙デブリ**など、多くの課題やリスクに直面します。筋肉や骨を健康に保つために、毎日運動することも重要です。彼らは乾燥食品や缶詰の特別な食事を摂らなければならず、残念ながら、宇宙では食べ物の味があまり良くないと言われています。

ISSは、国際協力と平和的な宇宙探査の素晴らしい例です。人々が共通の**目標に向かって協力**することで、どのような成果を達成できるかを示しています。また、私たちの惑星や宇宙についてさらに学ぶためのインスピレーションを与えてくれます。ISSは単なる宇宙ステーションではなく、**希望の象徴**でもあります。

> **宇宙の豆知識**　ISSの宇宙飛行士たちは、毎日16回の日の出と日の入りを見ることができます！

微小重力の環境では鼻づまりしやすく、食べ物の味を感じにくくなる。

現在、国際宇宙ステーションは2030年までの運用が予定されている。

Part 3 Space Exploration

The Surprising Daily of an Astronaut: Living in Space Is Nothing Like Life on Earth

Have you ever imagined what it's like to live as an astronaut? In space, there's almost no sense of gravity—astronauts experience what's called "microgravity." This drastically affects their bodies and daily routines. Let's take a closer look at life in space!

Moving Around

Inside the ISS, astronauts don't need to step on the floor—they push off handrails or walls to move freely. When moving, they must rotate their bodies carefully and proceed slowly, or controlling their motion becomes difficult. Until they get used to it, they may accidentally drift in unintended directions.

Eating

Eating in space is affected by microgravity. Since liquids would spill from a regular cup, astronauts drink from pouches with straws. Also, food needs to be sticky or sealed in pouches, cans, or freeze-dried packs to prevent it from floating away. Even salt and pepper come in liquid form instead of powder.

Sleeping

Astronauts don't need sleeping mats or beds in microgravity. Instead, they sleep inside sleeping bags, which are attached to the walls or ceiling. With no gravity, there's no sense of "up" or "down," so they can sleep in any orientation. Since the ISS experiences 16 sunrises and sunsets every 24 hours, astronauts follow a sleep schedule based on Earth time.

第3部 宇宙探査

宇宙飛行士の驚きの日常生活：
地球とは全然違う宇宙の暮らし

　皆さんは、宇宙飛行士の生活を想像したことはありますか？　宇宙空間では、地球の重力がほぼ感じられない「微小重力」の状態が続きます。これにより、宇宙飛行士の身体や生活習慣に大きな影響があります。ここでは、宇宙飛行士たちの日常をのぞいてみましょう！

移動

　国際宇宙ステーション（以下、ISS）の中では、足で地面を踏む必要がなく、手すりや壁を押して自由に移動できます。移動の際には、体を回転させたり、ゆっくり進まないと、制御が難しくなります。慣れるまでは、意図しない方向に飛んでしまうこともあります。

食事

　食事も微小重力の影響を受けます。普通の液体はコップからこぼれるため、飲み物はストロー付きのパックで飲みます。また、食べ物は飛び散らないように粘着性があるものや、アルミパウチ・缶詰・乾燥食品が中心です。塩や胡椒も粉ではなく、液体として提供されます。

睡眠

　微小重力状態では布団やベッドの必要がなく、宇宙飛行士は寝袋に入り、壁や天井に固定して眠ります。重力がないため「上下」の感覚がなく、どの方向でも眠ることができます。ISS内は24時間で16回も昼と夜が訪れるため、地球時間に合わせたスケジュールで睡眠を取ります。

173

Part 3 Space Exploration

Hygiene

In microgravity, water doesn't flow freely, so astronauts can't take showers. Instead, they wipe their bodies with damp towels and wash their hair with rinse-free shampoo. The toilet is specially designed to use airflow to suction waste, preventing it from floating away.

The ISS orbits Earth in about 90 minutes, experiencing 16 sunrises and sunsets per day. However, astronauts follow Coordinated Universal Time (UTC) to maintain a stable schedule. Microgravity can disrupt their circadian rhythms, so ISS lighting and schedules are carefully managed to mimic a normal day—waking up in the morning and sleeping at night. Space presents unique environmental stressors, making psychological well-being crucial. To stay mentally healthy, astronauts regularly call their families, watch movies, and listen to music.

* * *

The ISS is made up of multiple connected modules, each serving a specific function:

- **Living Quarters:** The area where astronauts eat and rest. Each crew member has a personal compartment for their sleeping bag and belongings.
- **Laboratory Module:** Used for scientific experiments, which are one of the ISS's main missions. Research includes medical studies, materials science, and plant growth in microgravity.
- **Cupola (Observation Window):** A large window on the ISS where astronauts can observe and photograph Earth. The view is breathtaking.

- **Exercise Area:** In microgravity, muscles and bones weaken quickly, so astronauts exercise for about two hours daily. The ISS has equipment like a treadmill, stationary bike, and resistance bands for strength training.

第3部 宇宙探査

衛生管理

　微小重力では水が自由に流れないため、シャワーは使えません。身体は湿らせたタオルで拭き、髪の毛は水のいらないシャンプーで洗います。トイレも特別な設計がされており、空気の流れを利用して排泄物を吸引します。

　ISSは地球の周りを約90分で1周するため、1日に16回の「日の出」と「日没」を迎えます。しかし、宇宙飛行士たちは地球の「協定世界時（UTC）」に基づいて活動します。微小重力の影響で、体内時計が乱れやすくなるため、ISSでは適切な照明やスケジュール管理を行い、地上と同じように朝起きて、夜寝るように調整されます。また、宇宙では地球とは異なる環境ストレスが多いため、心理的なケアも重要です。宇宙飛行士は定期的に家族と通話したり、映画や音楽を楽しんだりすることで、精神的な健康を保っています。

＊＊＊

　ISSは、いくつものモジュールが連結された構造をしており、次のような設備があります。

・**居住モジュール**：宇宙飛行士が食事や休憩をするエリア。各クルーには個室があり、そこに寝袋や私物が置かれています。
・**実験モジュール**：ISSの目的の一つである科学実験を行う場所。微小重力環境を利用した医学、材料工学、植物育成の実験などが行われています。

・**キューポラ（展望窓）**：ISSには「キューポラ」と呼ばれる大きな窓があり、宇宙飛行士が地球を観察したり、写真を撮ったりできます。ここから見る地球の景色は圧巻です。
・**運動エリア**：微小重力状態では筋肉や骨が衰えやすいため、宇宙飛行士は1日2時間ほど運動を行います。ISSにはトレッドミル（ランニングマシン）、エアロバイク、レジスタンス運動（ゴムチューブを使った筋力トレーニング）などの設備があります。

Part 3 Space Exploration

- **Airlock for Spacewalks:** The exit used for spacewalks. Astronauts suit up and adjust the air pressure here before stepping outside.

An astronaut's life is filled with challenges and discoveries far beyond our imagination. The ways they adapt to daily life in microgravity are both surprising and inspiring. Even now, at this very moment, they're living an extraordinary reality that's completely different from ours.

第 3 部 宇宙探査

- **船外活動エアロック**：宇宙服を着て船外活動をするための出入り口。ここで装備を整え、気圧を調整してから外に出ます。

宇宙飛行士の生活は、私たちの想像をはるかに超える冒険に満ちています。わずかな重力の世界で、どうやって日常を過ごすのか。その工夫と挑戦に、きっと驚かされることでしょう。彼らは今この瞬間も、私たちの知らない不思議な日常を送っているのです。

Astronaut Koichi Wakata working inside the airlock in April 2009
エアロック内部で作業する若田光一宇宙飛行士（2009年4月）

Part 3 Space Exploration

Modern Telescopes

Telescopes are amazing devices that allow us to see far beyond what our eyes can. They help us explore the wonders of the universe, from planets and stars to galaxies and black holes.

They work by collecting and focusing light from distant objects. Light is a form of **electromagnetic radiation** that travels in waves, and different types of light have different wavelengths, such as visible light, infrared light, **ultraviolet light**, X-rays, and radio waves. While some types of light can be seen by our eyes, others cannot. Telescopes use lenses or mirrors to gather more light than our eyes can, and then **magnify the image** for us to see.

There are two main types of telescopes: optical and non-optical. **Optical telescopes** use lenses or mirrors to focus visible light. They can be divided into **refracting telescopes**, which use lenses, and **reflecting telescopes**, which use mirrors. Refracting telescopes were the first type of telescope invented, and they are still used today for small observations. Reflecting telescopes are more common and more powerful, as they can use large mirrors and avoid some problems caused by lenses.

Non-optical telescopes use other types of detectors to focus non-visible light, such as radio waves, infrared waves, X-rays, or **gamma rays**. These types of light can reveal different aspects of the universe that optical telescopes

第3部 宇宙探査

現代の望遠鏡

　望遠鏡は、私たちの目では見ることができないはるか遠くのものを見ることを可能にする素晴らしい装置です。惑星や星々から銀河やブラックホールに至るまで、宇宙の不思議を探査する手助けをしてくれます。

　望遠鏡は、遠くの天体からの光を集めて焦点を合わせることで機能します。光は波として伝わる**電磁放射**の一種で、可視光、赤外線、**紫外線**、X線、電波など、さまざまな種類があり、それぞれ波長が異なります。私たちの目で見える光もあれば、見えない光もあります。望遠鏡はレンズや鏡を使って、私たちの目では集めきれないほど多くの光を集め、その**画像を拡大**して見せてくれます。

　望遠鏡には主に2種類あります。光学望遠鏡と非光学望遠鏡です。**光学望遠鏡**はレンズや鏡を使って可視光に焦点を合わせます。これらはさらに、レンズを使用する**屈折望遠鏡**と、鏡を使用する**反射望遠鏡**に分けられます。屈折望遠鏡は最初に発明された望遠鏡で、現在でも小規模な観測に使用されています。反射望遠鏡はより一般的で強力で、大きな鏡を使用することでレンズに起因する問題を回避し、より多くの天体を観測することができます。

　非光学望遠鏡は、電波、赤外線、X線、**ガンマ線**などの非可視光を焦点合わせするために、他の種類の検出器を使用します。これらの光は、光学望遠鏡では見ることができない宇宙のさまざまな側面を明らかにすることができます。

望遠鏡がなくても、スマホのアプリを使えば星座や惑星を簡単に見つけることができる。有名なアプリには「Star Walk」や「SkyView」などがあり、空にかざすだけで星の名前がわかる。

望遠鏡は昼間でも使うことができる。例えば、太陽専用の望遠鏡を使うと、黒点やプロミネンス（炎のような現象）が見える。ただし、普通の望遠鏡で直接太陽を見るのはとても危険なため、必ず専用のフィルターを使うこと。

cannot see. For example, radio telescopes can detect signals from distant galaxies and **quasars**, infrared telescopes can see through dust and gas clouds, X-ray telescopes can observe hot objects like neutron stars and black holes, and gamma-ray telescopes can study the most energetic events in the universe.

Some telescopes are located on the ground, while others are launched into space. Ground-based telescopes have some advantages, such as being cheaper, easier to maintain, and able to use larger mirrors or antennas. However, they also have some disadvantages, such as being affected by the Earth's atmosphere, weather, pollution, and **light pollution**. Space-based telescopes avoid the Earth's atmosphere, **observe the whole sky**, and detect more types of light. However, they are more expensive, are harder to repair, and are limited by size and weight.

One of the most famous space-based telescopes is the Hubble Space Telescope (HST), which was launched in 1990 by NASA and the **European Space Agency**. The HST is an optical telescope that uses a 2.4-meter mirror to observe visible, ultraviolet, and near-infrared light. The HST has made many amazing discoveries and images, such as the **Hubble Deep Field (HDF)**, which shows thousands of galaxies in a tiny patch of sky, and the **Pillars**

The Hubble Space Telescope
ハッブル宇宙望遠鏡

第3部 宇宙探査

例えば、電波望遠鏡は遠い銀河や**クエーサー**からの信号を検出し、赤外線望遠鏡は塵やガス雲を通して観測でき、X線望遠鏡は中性子星やブラックホールのような高温の天体を観測し、ガンマ線望遠鏡は宇宙で最もエネルギーの高い現象を明らかにします。

一部の望遠鏡は地上に設置されていますが、他の望遠鏡は宇宙に打ち上げられています。地上望遠鏡には、コストが安く、メンテナンスが容易で、より大きな鏡やアンテナを使用できるという利点があります。しかし、地球の大気、天候、汚染、**光害**などの影響を受けるという欠点もあります。一方、宇宙望遠鏡は大気の影響を受けず、**全天を観測**し、より多くの種類の光を検出できますが、より高価で、修理が難しく、サイズと重量に制限があります。

最も有名な宇宙望遠鏡の一つに、1990年にNASAと**欧州宇宙機関（ESA）**によって打ち上げられたハッブル宇宙望遠鏡（HST）があります。HSTは2.4メートルの鏡を使用して、可視光、紫外線、近赤外線を観測する光学望遠鏡です。HSTは多くの驚くべき発見と画像を提供しており、例えば、空の小さな領域に数千の銀河を示す「**ハッブル・ディープ・フィールド（HDF）**」や、星が誕生

The Hubble Deep Field
ハッブル・ディープ・フィールド

> クエーサー（quasar）は銀河の中心に位置する超大質量ブラックホールがエネルギー源となっている天体で、宇宙で最も明るい天体の一つ。非常に離れた距離に存在するため、光学望遠鏡では内部構造が見えず、恒星のような点光源に見える。

Part 3 Space Exploration

of Creation (POC), which are giant columns of gas and dust where stars are born.

Another space-based telescope called the **James Webb Space Telescope (JWST)**, was launched in 2021. The JWST is an infrared telescope that uses a 6.5-meter mirror. The JWST has already made some amazing discoveries, such as the most distant star ever seen, and it is expected to make many more in the years to come.

The JWST spacecraft
ジェイムズ・ウェッブ宇宙望遠鏡

Space Fact: The mirror for the Hubble Space Telescope had to be polished for more than a year to give it an accuracy of 10 nanometers. That's about 1/10,000 the width of a human hair.

第 3 部　宇宙探査

する巨大なガスと塵の柱である「**創造の柱（POC）**」などが挙げられます。

　もう一つの宇宙望遠鏡として、2021年に打ち上げられた**ジェイムズ・ウェッブ宇宙望遠鏡（JWST）**があります。JWSTは6.5メートルの鏡を使用する赤外線望遠鏡です。JWSTはすでにいくつかの驚くべき発見をしており、例えば、これまでで最も遠い星を観測しました。今後、さらに多くの発見が期待されています。

The Pillars of Creation
創造の柱（1995年ハッブル宇宙望遠鏡により撮影されたわし星雲の中）

宇宙の豆知識　ハッブル宇宙望遠鏡の鏡は、10ナノメートルの精度を得るために1年以上かけて研磨されました。これは、人間の髪の太さの約1万分の1に相当します。

Part 3 Space Exploration

Satellites

Circling high above us are thousands of **satellites** that most people never think about, but which are essential for our daily lives. They provide us with data for **weather forecasts**, warn us of approaching typhoons, carry our cell phone signals, allow us to navigate using GPS, give us internet access in remote locations, broadcast TV signals, and more. They are also used by scientists to do research on things like global warming, and by the military to keep watch on other nations.

Artificial satellites orbit at different heights and speeds, depending on their mission and the laws of physics. The lowest orbit is called **low Earth orbit (LEO)**, which ranges from 200 to 2,000 kilometers above Earth's surface. This is where most artificial satellites operate, such as the International Space Station (ISS), which orbits at about 400 kilometers above Earth.

The next orbit is called **medium Earth orbit (MEO)**. It ranges from 2,000 to 35,786 kilometers above Earth's surface. This is where some navigation satellites operate, such as the Global Positioning System (GPS), which orbits about 20,000 kilometers above Earth.

The highest orbit is called **geostationary orbit (GEO)**, which is exactly 35,786 kilometers above Earth's equator. This is where some communication satellites operate, such

人工衛星

私たちの頭上高くを周回している何千もの**人工衛星**は、ほとんどの人が意識することはありませんが、私たちの日常生活にとって不可欠な存在です。これらの衛星は、**天気予報**のデータを提供し、接近する台風を警告し、携帯電話の信号を運び、GPSによるナビゲーションを可能にし、遠隔地でインターネット接続を提供し、テレビ信号を放送するなど、多くの役割を果たしています。また、科学者たちは地球温暖化などの研究を行うために衛星を利用し、軍は他国を監視するためにも衛星を使用しています。

人工衛星は、その任務に応じて、異なる高度と速度で軌道を周回しています。最も低い軌道は**低高度地球軌道**（LEO）と呼ばれ、地球表面から高度200～2,000キロメートルの範囲です。この軌道には、高度約400キロメートルを周回する国際宇宙ステーション（ISS）など、ほとんどの人工衛星が存在しています。

次の軌道は**中高度地球軌道**（MEO）と呼ばれます。地球表面からの高度2,000～35,786キロメートルの範囲です。ここでは、一部のナビゲーション衛星が運用されています。例えば、全地球測位システム（GPS）は、高度約20,000キロメートルを周回しています。

最も高い軌道は**静止軌道**（GEO）と呼ばれ、地球の赤道上から正確に35,786キロメートルの高さにあります。ここにはテレビやラジオの通信衛星などが運

カーマン・ライン（Kármán line）は、海抜高度100キロメートルに引かれた仮想のライン。国際航空連盟（FAI）によって定められ、このラインの外側が宇宙空間、内側は地球の大気圏と定義される。

as television and radio satellites. These satellites appear to be stationary from Earth's perspective because they orbit at the same speed as Earth's rotation.

While artificial satellites have many benefits for humanity and society, they also have some drawbacks and challenges. They cost a lot of money and resources to build and launch, can interfere with astronomy due to their brightness, and can also create environmental problems such as light pollution or space junk.

> **Space Fact:** In 2012, a satellite discovered that there are twice as many emperor penguins in Antarctica as had previously been believed.

Emperor Penguins
南極のコウテイペンギン

第3部 宇宙探査

用されています。これらの衛星は地球の自転と同じ角速度で周回しているため、地球上からは静止しているように見えます。

人工衛星は人類や社会に多くの利益をもたらしていますが、いくつかの欠点や課題も抱えています。衛星の製造と打ち上げには多額の費用と資源が必要であり、その明るさが天文学の観測を妨げることもあります。さらに、光害や宇宙ゴミといった環境問題を引き起こす可能性もあります。

宇宙の豆知識　2012年、ある衛星が南極のコウテイペンギンの数が以前の推定よりも2倍多いことを発見しました。

Part 3 Space Exploration

Space Junk

Space junk is a term that refers to the artificial objects that orbit the Earth and no longer serve any useful purpose. These objects can range from tiny pieces of paint to large satellites and rocket stages. Space junk **poses a serious threat** to both the environment and the future of space exploration.

One of the main effects of space junk is the risk of collision with active satellites and spacecraft. According to the European Space Agency, there are millions of pieces of debris in orbit. These objects can travel at speeds of up to 28,000 kilometers per hour, making them capable of causing severe damage or even destroying spacecraft. For example, in 2009, an old Russian satellite collided with a functioning American satellite, creating thousands of new fragments. Such collisions can also trigger a **chain reaction** known as the **Kessler syndrome**, where the debris density becomes so high that collisions become inevitable and uncontrollable.

Another effect of space junk is the potential impact on Earth's environment. A proportion of the space junk in low Earth orbit will gradually lose altitude and **burn up in Earth's atmosphere**; larger debris, however, can occasionally impact Earth and have harmful effects on the environment. For instance, in 1978, a Soviet **nuclear-powered satellite** called *Kosmos 954* crashed in Canada, spreading

第 3 部　宇宙探査

宇宙ゴミ

　宇宙ゴミとは、地球を周回する人工物で、もはや有用な目的を果たさないものを指します。これらの物体は、小さな塗料の破片から、大きな人工衛星やロケットの段階に至るまでさまざまな大きさがあります。宇宙ゴミは、環境と将来の宇宙探査の両方に対して**深刻な脅威をもたらしています**。

　宇宙ゴミの主な影響の一つは、活動中の人工衛星や宇宙船との衝突リスクです。欧州宇宙機関によると、軌道上には数百万個の破片が存在しています。これらの物体は最大時速2万8000キロメートルで移動し、宇宙船に深刻な損傷を与えたり、破壊したりする可能性があります。例えば、2009年には古いロシアの衛星が稼働中のアメリカの衛星と衝突し、新たに数千個の破片を生み出しました。このような衝突は、**ケスラーシンドローム**と呼ばれる**連鎖反応**を引き起こす可能性があります。これは、デブリの密度が非常に高くなり、衝突が避けられず制御不能な状態に陥ることを意味します。

　宇宙ゴミのもう一つの影響は、地球環境への潜在的な影響です。低軌道にある宇宙ゴミの一部は時間とともに高度を失い、**大気圏で燃え尽きます**が、より大きな破片は時折地球に衝突し、環境に悪影響を及ぼすことがあります。例えば、1978年に旧ソビエト連邦の**核動力衛星**「コスモス954」がカナダに墜落し、広範囲にわたって放射性の破片を撒き散らしました。また、宇宙ゴミには**ヒドラジン**のような有

2023年12月時点で観測されている軌道上の物体（宇宙ゴミ）は、低軌道上で約10cm以上、静止軌道上で約1m以上のものを合わせて約35,150個といわれる。大きさが1cm以上のものは100万個、1mm以上のものは1.3億個以上と推定されている。

189

Part 3 Space Exploration

radioactive debris over a large area. Moreover, some space junk may contain hazardous materials, such as **hydrazine**, which can contaminate soil and water if they reach the ground.

Space junk is a growing problem that requires urgent attention and action. Several plans have been proposed or implemented to **deal with** the issue, such as improving tracking and monitoring systems, designing **more-sustainable** spacecraft, implementing international regulations and guidelines, and developing active removal methods. However, these solutions face many technical, economic, legal, and political challenges. Therefore, it is essential to raise awareness and encourage cooperation among all **stakeholders** to ensure the safety and sustainability of the space environment.

Space Fact: NASA is currently monitoring about 50,000 pieces of space junk to make sure that it does not interfere with rockets or satellites.

害物質が含まれていることがあり、地表に到達すると土壌や水を汚染する恐れがあります。

宇宙ゴミの問題は増大しており、緊急の対応が必要です。この問題に**対処する**ために、いくつかの計画が提案または実施されており、例えば、追跡・監視システムの改善、**より持続可能な**宇宙機の設計、国際的な規制やガイドラインの導入、積極的な除去方法の開発などが挙げられます。しかし、これらの解決策は技術的、経済的、法的、政治的な課題に直面しています。したがって、宇宙環境の安全性と持続可能性を確保するためには、すべての**関係者**が意識を高め、協力を促進することが不可欠です。

宇宙の豆知識　NASAは現在、約5万個の宇宙ゴミを監視しており、それらがロケットや人工衛星と干渉しないようにしています。

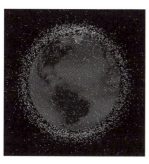

Debris plot
現在追跡されている高度2000キロ以下の地球軌道上の物体（約95％は宇宙ゴミ）を描いたコンピューター生成画像

Part 3 Space Exploration

◉ Space Probes

While sending humans into space is dramatic and may one day make it possible for us to live on other planets, it is also extremely dangerous and expensive. A far cheaper, safer, and more efficient way to explore space is by using **unmanned probes**. These are special types of spacecraft that are sent to explore specific places or objects in space. They are different from satellites, which orbit around the Earth or other planets, and from **rovers**, which land and move on the surface of planets or moons. Space probes fly by, orbit, or land on their targets, and then send back data and images to Earth.

There are many types of space probes that have different missions and **destinations**. For example, *Mariner 10* was the first probe to fly by Mercury, *Magellan* was the first probe to map Venus, *Viking 1* and *2* were the first probes to land on Mars, *Galileo* was the first probe to orbit Jupiter, *Cassini* was the first probe to orbit Saturn, *Voyager 2* was the first probe to fly by Uranus and Neptune, and *New Horizons* was the first probe to fly by Pluto.

Mariner 10
マリナー10号

Magellan
マゼラン

第3部 宇宙探査

宇宙探査機

　人間を宇宙に送り出すことは劇的であり、いつか私たちが他の惑星に住むことを可能にするかもしれませんが、それは非常に危険で費用も高額です。より安価で、安全かつ効率的な宇宙探査の方法は、**無人探査機**を使用することです。無人探査機は、宇宙の特定の場所や天体を探査するために送られる特殊な種類の宇宙船です。地球や他の惑星を周回する人工衛星や、惑星や衛星の表面に着陸して移動する**ローバー**とは異なり、宇宙探査機はターゲットをフライバイしたり、周回したり、着陸したりして、データや画像を地球に送り返します。

　無人探査機には、さまざまな任務と**目的地**を持つ多くの種類があります。例えば、マリナー10号は水星を初めてフライバイした探査機であり、マゼランは金星を初めて地図化しました。バイキング1号と2号は火星に初めて着陸した探査機です。ガリレオは木星を初めて周回し、カッシーニは土星を初めて周回しました。ボイジャー2号は天王星と海王星を初めてフライバイし、ニューホライズンズは冥王星を初めてフライバイしました。

フライバイ(flyby)とは、宇宙探査機が惑星あるいは惑星の衛星の近くを通過すること。その天体の探査を行ったり、別の目的地に向かうため積極的に軌道変更をするために行われる。

Viking
バイキング1号

Part 3 Space Exploration

Another remarkable **asteroid probe** is *Hayabusa*. *Hayabusa* was launched in 2003 by JAXA, the Japanese space agency. Its mission was to visit an asteroid named **Itokawa**. *Hayabusa* reached Itokawa in 2005 and conducted observations from an orbit around it for three months. It took pictures and measured its shape, gravity, spin, temperature, and **composition**.

Hayabusa managed to land on Itokawa and collected some dust particles. It left in 2007 and returned to Earth in 2010 with a small capsule containing about 1,500 grains of asteroid material. This was the first time that a space probe returned samples from an asteroid.

Hayabusa's mission was not easy or smooth. It faced many challenges and problems along the way, such as **fuel leaks**, communication failures, solar flares, battery issues, and re-entry difficulties. However, *Hayabusa* **overcame** all these obstacles and inspired many young Japanese people to be interested in space exploration.

 Space Fact: Hayabusa means "falcon" in English.

第3部 宇宙探査

　もう一つ注目すべき**小惑星探査機**は「はやぶさ」です。はやぶさは、2003年に日本の宇宙航空研究開発機構（JAXA）によって打ち上げられました。その任務は、小惑星「**イトカワ**」を訪れることでした。はやぶさは2005年にイトカワに到達し、3か月間にわたってイトカワを周回する軌道上から観測を行いました。写真を撮影し、形状、重力、自転、温度、**組成**を測定しました。

Hayabusa
「はやぶさ」の着陸想像図

　はやぶさはイトカワに着陸し、いくつかの塵の粒子を採取することに成功しました。そして、2007年にイトカワを離れ、2010年に約1500粒の小惑星物質を含む小さなカプセルを持って地球に帰還しました。これは、宇宙探査機が小惑星からサンプルを持ち帰った最初の事例でした。

25143 Itokawa
「はやぶさ」が撮影した小惑星イトカワ

　はやぶさの任務は決して容易でも順調でもありませんでした。**燃料漏れ**、通信障害、太陽フレア、バッテリーの問題、再突入の困難など、数々の課題に直面しました。しかし、はやぶさはこれらの障害を**乗り越え**、多くの日本の若者たちに宇宙探査への興味とインスピレーションを与えました。

太陽フレア(solar flare)は、太陽の表面で発生する大規模な爆発現象、爆発的な増光現象のこと。

宇宙の豆知識　「はやぶさ」は英語で「falcon(鷹)」を意味します。

Part 3 Space Exploration

Mars Rovers

Mars rovers are special types of robots that are sent to land and travel around on the surface of Mars. They are like our eyes and ears on the Red Planet, which is a **fascinating but hostile** world. The rovers are **wheeled vehicles** with cameras, antennas, sensors, and instruments that allow them to navigate, communicate, and conduct scientific experiments. They are launched by rockets from Earth and travel millions of miles to reach Mars. They have to land safely on the surface, which is very tricky and dangerous. Then, they have to avoid obstacles, such as rocks, craters, and **cliffs**. Another serious problem is dust, which can cover their solar panels and reduce their power. They also have to **cope with** malfunctions, which can affect their performance or even end their mission.

There have been several Mars rovers that have explored different parts of Mars. The first rover was *Sojourner*, which was sent as part of the *Pathfinder* mission in 1997 under the Discovery Program. It was a small rover that weighed only 10.6 kilograms and was about the size of a **microwave oven**. It explored an area of about 100 meters around its landing site and took pictures, measured the weather, and analyzed the rocks and soil.

第 3 部 宇宙探査

火星ローバー

　火星ローバーは、火星の表面に着陸して移動するために送られる特別なロボットです。これらは、**興味深いが過酷な環境**である赤い惑星で、私たちの目と耳の役割を果たします。ローバーは、カメラ、アンテナ、センサー、科学実験用の機器を備えた**車輪付きの車両**で、地球からロケットで打ち上げられ、何百万マイルも旅して火星に到達します。火星の表面に安全に着陸する必要がありますが、これは非常に難しく、危険な作業です。着陸後は、岩やクレーター、崖などの障害物を避けながら移動しなければなりません。もう一つの深刻な問題は砂埃で、これは太陽電池パネルを覆い、電力供給を減少させる可能性があります。また、故障によって性能が低下したり、ミッションが終了したりするリスクにも**対処する**必要があります。

火星ローバーの動力源には、太陽光パネルを使うタイプ（オポチュニティ）と、原子力電池を使うタイプ（キュリオシティ、パーサヴィアランス）がある。火星の砂埃が太陽光を遮るため、最近の大型ローバーは安定した電力を得られる原子力電池を採用している。

　これまでに、火星のさまざまな地域を探査した複数の火星ローバーが存在します。最初のローバーは、1997年のディスカバリー計画の一環として行われた、マーズ・パスファインダー計画で送り込まれた「ソジャーナ」でした。これはわずか10.6キログラムで、**電子レンジ**ほどの大きさの小型ローバーでした。ソジャーナは着陸地点周辺の約100メートルを探査し、写真を撮影し、天候を測定し、岩や土壌を分析しました。

Sojourner
ソジャーナ

197

The next rovers were *Spirit* and *Opportunity*, which were part of the **Mars Exploration Rover (MER)** mission in 2004. They were twin rovers that weighed about 180 kilograms each and were about the size of a golf cart. The two rovers landed on opposite sides of Mars and explored different regions. They had cameras, **spectrometers**, magnets, microscopes, drills, and more. They searched for signs of water and past life on Mars, and also studied the **geology** and climate of the planet.

Opportunity
オポチュニティ（合成図）

Spirit operated for more than six years and traveled more than 7 kilometers. It climbed hills, crossed craters, and **got stuck** in sand traps. It also found evidence of ancient hot springs and volcanic activity on Mars.

Opportunity operated for more than 14 years and traveled more than 45 kilometers. It broke many records for distance, **endurance**, and discovery on Mars. It also found evidence of ancient lakes and rivers.

Opportunity was very popular among people on Earth. It had many fans who followed its adventures online and on social media. *Opportunity*'s last message to Earth was "My battery is low and it's getting dark". It said this after a huge dust storm blocked its solar panels in 2018. Many people were sad when they heard this message, but they also celebrated *Opportunity*'s achievements and legacy.

第3部 宇宙探査

　次に送り込まれたローバーは、2004年の**火星探査ローバー（MER）**ミッションの一環である「スピリット」と「オポチュニティ」でした。これらは双子のローバーで、それぞれ約180キログラムの重量があり、ゴルフカートほどの大きさでした。2台のローバーは火星の反対側に着陸し、異なる地域を探査しました。ローバーにはカメラ、**分光計**、磁石、顕微鏡、ドリルなどが搭載されており、火星における水や過去の生命の痕跡を探し、**地質**や気候の研究を行いました。

　スピリットは6年以上にわたり稼働し、7キロメートル以上を移動しました。丘を登り、クレーターを横断し、砂に**嵌る**こともありました。また、火星の古代の温泉や火山活動の証拠を発見しました。

　オポチュニティは14年以上稼働し、45キロメートル以上を走行しました。火星での走行距離、**耐久性**、発見において多くの記録を打ち立てました。また、古代の湖や川の証拠も発見しました。

　オポチュニティは地球上で非常に人気がありました。オンラインやソーシャルメディアを通じてその冒険を追う多くのファンがいました。オポチュニティの最後のメッセージは「バッテリーが低下し、暗くなってきています」というものでした。これは2018年に巨大な砂嵐が太陽電池パネルを覆った後に発信されました。このメッセージを聞いた多くの人々は悲しみましたが、同時にオポチュニティの業績と遺産を称えました。

「オポチュニティ」は、当初わずか90日間の耐用を想定していたが、結果それをはるかに超える15年も稼働し続けた。

In 2012, a new rover called *Curiosity*, which is part of the **Mars Science Laboratory (MSL)** mission, landed. It is a large rover that weighs about 900 kilograms and is about the size of a car. It landed in a crater called Gale and has been exploring its surroundings ever since. It has cameras, lasers, spectrometers, **detectors**, drills, scoops, ovens, and more. It aims to study the **habitability** and history of Mars. *Curiosity* also looks for organic molecules and evidence of ancient life on Mars.

Curiosity
キュリオシティ

The newest rovers on Mars are *Perseverance* and *Zhurong*. *Perseverance* is part of the Mars 2020 mission by NASA. It is similar to *Curiosity* but has some new features, such as a helicopter drone called *Ingenuity*, a microphone to record sounds on Mars, and a system to **collect and store** rock samples for future return to Earth. *Perseverance* is also looking for signs of ancient life on Mars.

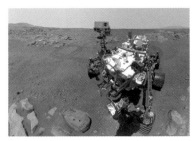

Perseverance
パーサヴィアランス

Zhurong
天問1号の着陸船(右)と「祝融号」(左)

2012年には、**火星科学研究所（MSL）**ミッションの一環として、「キュリオシティ」という新しいローバーが着陸しました。キュリオシティは約900キログラムの重量があり、車ほどの大きさの大型ローバーです。ゲールクレーターという場所に着陸し、それ以来その周辺を探査し続けています。カメラ、レーザー、分光計、**検出器**、ドリル、スコップ、オーブンなどを備えており、火星の**居住可能性**や歴史を研究することを目的としています。キュリオシティはまた、有機分子や古代生命の証拠を探しています。

Ingenuity
パーサヴィアランスに撮影された「インジェニュイティ」

現在、火星にある最新のローバーは「パーサヴィアランス」と「祝融号（しゅくゆうごう）」です。パーサヴィアランスはNASAのマーズ2020ミッションの一環です。キュリオシティに似ていますが、インジェニュイティというヘリコプタードローン、火星の音を記録するマイク、将来地球に持ち帰るための岩石サンプルを**収集・保管する**システムなど、新しい機能が搭載されています。パーサヴィアランスもまた、火星の古代生命の痕跡を探しています。

パーサヴィアランス（Perseverance）の名称は「忍耐強さ」「不屈（の努力）」の意で、愛称はパーシー（Percy）。

Part 3 Space Exploration

Zhurong is part of the *Tianwen-1* mission by CNSA, the Chinese space agency. It is China's first Mars rover and landed in a plain called **Utopia Planitia**. It studies the surface features, soil characteristics, magnetic field, atmosphere, and climate of Mars.

Tianwen-1
天問1号

Space Fact: *Opportunity* sent back more than 342,000 photos of Mars.

第 3 部 宇宙探査

　祝融号は中国宇宙機関CNSAの天問1号ミッションの一部で、中国初の火星ローバーです。**ユートピア平原**と呼ばれる場所に着陸し、火星の表面特徴、土壌特性、磁場、大気、気候を研究しています。

宇宙の豆知識　オポチュニティは火星の34万2000枚以上の写真を地球に送信しました。

◉ Weapons in Space

While space is generally seen as a place for exploration and discovery, it can also lead to conflict and competition. Since **the dawn of** the space age, humans have been developing and testing various weapons in space, for both **defensive** and **offensive** purposes. Some of these weapons are real and operational, while others are still in development.

During the **Cold War**, the United States and the Soviet Union were engaged in a nuclear arms race, and both sides wanted to use space as a platform for launching or detonating nuclear weapons. In 1958, the US launched **Operation Argus**, which involved exploding three small nuclear bombs in orbit to create artificial radiation belts around the Earth. The purpose was to test the effects of nuclear explosions in space. The results were inconclusive, but the project raised concerns about the environmental and political consequences of nuclear weapons in space.

In 1962, the US conducted another nuclear test in space, called **Starfish Prime**. This time, a 1.4 megaton bomb was detonated at an altitude of 400 kilometers, creating a huge fireball and a bright aurora that could be seen from Hawaii to New

X-17 Rocket with Nuclear Warhead (Operation Argus)
核弾頭を搭載したX-17ロケット（アーガス作戦）

第 3 部 宇宙探査

宇宙兵器

宇宙は一般的に探査と発見の場と見なされていますが、紛争や競争の場となる可能性もあります。宇宙時代の**幕開け**以来、人類は**防衛**目的と**攻撃**目的の両方で、宇宙においてさまざまな兵器を開発・試験してきました。これらの兵器の中にはすでに実用化されているものもあれば、開発段階にあるものもあります。

冷戦時代、アメリカと旧ソ連は核兵器の軍拡競争を繰り広げ、両国は宇宙を核兵器の発射や爆発のためのプラットフォームとして利用しようとしていました。1958年、アメリカは「**アーガス作戦**」を実施し、地球周辺に人工放射線帯を作り出すため、軌道上で3つの小型核爆弾を爆発させました。この実験の目的は、宇宙における核爆発の影響を調べることでした。結果は決定的ではありませんでしたが、このプロジェクトは宇宙での核兵器が環境や政治に与える影響に対する懸念を引き起こしました。

1962年には、アメリカが「**スターフィッシュ・プライム**」と呼ばれる別の宇宙核実験を行いました。この実験では、1.4メガトンの核爆弾が高度400キロメートルで爆発し、巨大な火球と明るいオーロラを発生させ、このオーロラはハワイからニュージーランドに至る広範囲で観測され

Starfish Prime Aurora from Honolulu
ホノルルで観測されたスターフィッシュ・
プライムによるオーロラ

Zealand. The explosion also damaged or destroyed several satellites in orbit, including *Telstar 1*, the first commercial communications satellite. The test showed that nuclear weapons in space could have **devastating** effects.

In response to these tests, the international community agreed to ban nuclear weapons in space by signing the **Outer Space Treaty** in 1967. The treaty declared that space should be used for peaceful purposes only, and prohibited the placement of nuclear weapons or other weapons of mass destruction in orbit or on celestial bodies. The treaty also **established the principle** of free access and exploration of space for all nations.

However, the treaty did not prevent the development of other types of weapons in space, such as anti-satellite weapons (ASATs), ballistic missile defense systems (BMDs), or directed-energy weapons (DEWs). These weapons are designed to attack or defend against targets in space or on Earth, using lasers, microwaves, or other means.

In 2019, the United States created the **Space Force**, a new branch of the military that will operate in space. China also has a space force, and it is likely that more countries will establish their own in the coming years.

The Space Force Logo
アメリカ合衆国宇宙軍のロゴ

第 3 部 宇宙探査

ました。また、この爆発によって、最初の商業通信衛星であるテルスター 1 号を含む複数の衛星が損傷または破壊されました。この実験は、宇宙における核兵器が**壊滅的な**影響をもたらす可能性があることを示しました。

これらの実験を受けて、国際社会は1967年に**宇宙条約**に署名し、宇宙における核兵器を禁止することに合意しました。この条約は、宇宙が平和目的にのみ使用されるべきであることを宣言し、軌道上や天体上への核兵器やその他の大量破壊兵器の配置を禁止しました。また、すべての国が宇宙に自由にアクセスし、探査を行う権利を有するという**原則も確立しました。**

しかし、この条約は、対衛星兵器（ASAT）、弾道ミサイル防衛システム（BMD）、指向性エネルギー兵器（DEW）など、他の種類の宇宙兵器の開発を防ぐものではありませんでした。これらの兵器は、レーザー、マイクロ波、その他の手段を使用して、宇宙や地球上の標的を攻撃または防御するよう設計されています。

2019年、アメリカは宇宙で活動する新しい軍の部門である**宇宙軍**を創設しました。中国にもすでに宇宙軍が存在しており、今後さらに多くの国々が独自の宇宙軍を設立する可能性があります。

アメリカと中国のほかにも宇宙関連部隊を有する国は、ロシア、イスラエル、フランス、スペイン、コロンビア、イランなどがある。日本の航空自衛隊にも2022年に防衛大臣直轄部隊として「宇宙作戦群（Space Operations Group）」が新編された。宇宙ゴミや他国の人工衛星等が日本の人工衛星に影響を及ぼさないかを監視する「宇宙状況監視」を任務とする。

The future of weapons in space is uncertain and **unpredictable**. Some experts believe that space will become more militarized and **weaponized** as more countries and actors enter the space domain and compete for resources and influence. Others hope that space will remain peaceful and cooperative as more countries and actors realize the benefits and challenges of sharing and preserving the common heritage of mankind.

Space Fact: The budget of America's Space Force is over $15 billion.

第3部 宇宙探査

　宇宙兵器の未来は不確実で**予測が困難**です。ある専門家は、より多くの国や主体が宇宙領域に進出し、資源や影響力をめぐって競争することで、宇宙が一層軍事化・**兵器化される**と考えています。他の専門家は、多くの国や主体が人類共通の遺産を共有・保護することの利点と課題を理解することで、宇宙が平和的かつ協力的な場であり続けることを期待しています。

宇宙の豆知識　アメリカの宇宙軍の予算は150億ドルを超えています。

Part 3 Space Exploration

Private Space Exploration

For a long time, only governments had the money and the technology to send rockets and spacecraft into space. They used space for scientific research, military purposes, and national pride. But in the twenty-first century, things started to change. A new wave of private companies emerged that wanted to make space more accessible and **affordable** for everyone. They had different goals and visions, but they all shared a passion for space exploration.

One of these companies is SpaceX, founded by **Elon Musk** in 2002. Elon Musk is a billionaire entrepreneur who also created PayPal, Tesla, and Neuralink. He is famous for his ambitious and visionary ideas, such as **colonizing Mars**, creating a global internet network with satellites, and developing a brain-computer interface. He believes that humanity needs to become a **multi-planetary species** to survive and **thrive** in the future.

SpaceX's mission is to revolutionize space technology and enable people to live on other planets. To achieve this, it designs, manufactures, and launches advanced rockets and spacecraft that can carry cargo and crew to orbit and

民間宇宙探査

　長い間、ロケットや宇宙船を宇宙に送り出す資金と技術を持っていたのは政府だけでした。政府は宇宙を科学研究、軍事目的、国家的な誇りのために利用していました。しかし、21世紀に入り、状況は変わりはじめました。宇宙をよりアクセス可能で**手頃な**ものにしたいと考える新たな民間企業が現れたのです。これらの企業はそれぞれ異なる目標とビジョンを持っていましたが、宇宙探査への情熱を共有していました。

SpaceX Logo
スペースX社のロゴ

Elon Musk
イーロン・マスク
(1971-)

　そのような企業の一つが、2002年に**イーロン・マスク**によって設立されたSpaceXです。イーロン・マスクは、PayPal、Tesla、Neuralinkを創設した億万長者の起業家です。彼は、**火星の植民地化**、衛星による地球規模のインターネットネットワークの構築、脳とコンピューターのインターフェースの開発といった野心的で先見性のあるアイデアで有名です。彼は、人類が未来において生き残り、**繁栄するためには多惑星種**になる必要があると信じています。

　SpaceXの使命は、宇宙技術に革命をもたらし、人々が他の惑星で生活できるようにすることです。その目標を達成するため、SpaceXは貨物や乗組員を軌道やさらにその遠くへ運ぶための先進的なロケットや宇宙船を設計、製造、打ち

Part 3 Space Exploration

Falcon 9
ファルコン 9

Falcon Heavy
ファルコンヘビー

beyond. Some of the products that SpaceX has developed are *Falcon 9, Falcon Heavy, Dragon, Starship,* and Starlink.

Falcon 9 is a reusable rocket that can launch satellites and spacecraft into orbit. It can land back on Earth after each mission, saving money and resources. *Falcon Heavy* is a bigger version of *Falcon 9* that can lift heavier payloads into orbit or **deep space**. It is one of the most powerful operational rockets in the world. *Dragon* is a spacecraft that can carry cargo and crew to the ISS and other destinations in orbit. It can also return to Earth with scientific experiments and other materials. *Starship* is a **fully reusable**, super heavy-lift launch system that can carry up to 100 people or tons of cargo to the moon, Mars, or other planets. It consists of a giant rocket booster called *Super Heavy* and a spaceship called *Starship.* It is still in development and testing. Starlink is a constellation of thousands of small satellites that provide high-speed internet access to anywhere on Earth. It aims to connect people who are **underserved** by traditional internet providers.

SpaceX has achieved many remarkable feats in its history. It is the first private company to launch a liquid-fueled

上げています。同社が開発した製品には、Falcon 9、Falcon Heavy、Dragon、Starship、Starlink などがあります。

Dragon
ドラゴン

Falcon 9は、衛星や宇宙船を軌道に打ち上げることができる再利用可能なロケットです。ミッションごとに地球に着陸して戻ることができ、資金と資源を節約します。Falcon Heavy は Falcon 9の大型版で、より重いペイロードを軌道や**深宇宙**に運ぶことができます。これは世界で最も強力な運用中のロケットの一つです。Dragonは、貨物や乗組員をISSや他の軌道上の目的地に運ぶことができる宇宙船です。また、科学実験やその他の物資を地球に持ち帰ることも可能です。Starshipは、**完全再利用可能な**超大型打ち上げシステムで、最大100人または数トンの貨物を月、火星、または他の惑星に運ぶことができます。巨大なロケットブースター「Super Heavy」と宇宙船「Starship」で構成されており、現在も開発とテストが進行中です。Starlinkは、地球上のどこでも高速インターネットアクセスを提供する数千の小型衛星によるネットワークです。従来のインターネットプロバイダーが**サービスを提供できない**地域の人々をつなぐことを目指しています。

Starship
スターシップ

一般的に銀河系の外部の宇宙や、通常の天体望遠鏡では観測することのできないさらに遠方の宇宙空間のことを「深宇宙(deep space)」という。

SpaceXはその歴史の中で多くの注目すべき成果を達成しています。2008年には、液体燃料ロケット(Falcon 1)を

rocket into orbit (*Falcon 1* in 2008), the first to launch, orbit, and recover a spacecraft (*Dragon* in 2010), the first to send a spacecraft to the ISS (*Dragon* in 2012), the first to land an **orbital rocket booster** on land or at sea (*Falcon 9* in 2015), and the first to reuse an orbital rocket booster (*Falcon 9* in 2017).

Falcon 1
ファルコン 1

SpaceX is not the only private company that is involved in space exploration. There are others, such as Blue Origin, Virgin Galactic, Orbital Sciences Corporation, Sierra Nevada Corporation, Boeing, Lockheed Martin, and many more. They have different approaches and strategies, but they all contribute to the advancement of space technology and the expansion of human presence in space.

> **Space Fact:** The cost of a SpaceX launch is 10 times cheaper than what NASA launches used to cost.

第3部 宇宙探査

軌道に打ち上げた最初の民間企業となり、2010年には宇宙船（Dragon）を打ち上げ、軌道に到達させ、回収した最初の企業となりました。2012年には、Dragonを ISS に送った最初の企業、2015年には**軌道ロケットブースター**（Falcon 9）を地上または海上に着陸させた最初の企業、そして2017年には軌道ロケットブースターを再利用した最初の企業となりました。

SpaceX は宇宙探査に関わる唯一の民間企業ではありません。他にも、Blue Origin、Virgin Galactic、Orbital Sciences Corporation、Sierra Nevada Corporation、Boeing、Lockheed Martin など、多くの企業があります。これらの企業はそれぞれ異なるアプローチや戦略を持っていますが、いずれも宇宙技術の進歩と人類の宇宙における存在拡大に貢献しています。

Blue Origin は、Amazon.com の設立者であるジェフ・ベゾスが2000年に設立した航空宇宙企業である。将来の有人宇宙飛行を目的とした事業を進めており、民間資本で宇宙旅行を大幅に安くし、なおかつ信頼性を高める技術を開発している。

> **宇宙の豆知識** SpaceXの打ち上げコストは、かつてのNASA
> の打ち上げコストの10分の1です。

The New Space Race

The first space race between the US and the USSR ended with the **collapse of the Soviet Union** in 1991, but in the twenty-first century, a new space race has emerged, involving not only the United States and Russia, but also other countries and actors. Some of the new players in the new space race are China, India, Japan, Europe, Israel, Iran, North Korea, and private companies.

China has been rapidly developing its space program since the 1990s, with the aim of becoming a major space power. China has launched several satellites, probes, rovers, and spacecraft into orbit and beyond. China has also sent humans into space and built its own space station. China's **ultimate goal** is to land humans on the moon and eventually on Mars.

One of the main reasons for China's interest in space is to compete with the US, which has been the dominant space power for decades. The US has also been pursuing ambitious space projects, such as the **Artemis program**, which aims to return humans to the moon by the mid-2020s and to eventually establish a **permanent** lunar base. The US also plans to send humans to Mars in the 2030s, using the moon as a **stepping stone**. The US has also been collaborating with other countries and

Artemis Program Logo
アルテミス計画のロゴ

第 3 部 宇宙探査

新たな宇宙開発競争

アメリカと旧ソ連の間で行われた最初の宇宙開発競争は、1991 年に**ソ連の崩壊**によって終結しましたが、21 世紀に入り、アメリカとロシアだけでなく、他の国々や主体も加わった新たな宇宙競争が勃発しています。この新しい競争の参加者には、中国、インド、日本、ヨーロッパ、イスラエル、イラン、北朝鮮、さらには民間企業も含まれています。

中国は 1990 年代以降、主要な宇宙大国になることを目指して急速に宇宙開発を進めてきました。中国はこれまでに多くの衛星、探査機、ローバー、宇宙船を軌道上やさらにその先へと打ち上げてきました。また、有人宇宙飛行を成功させ、独自の宇宙ステーションを建設しています。中国の**最終目標**は、人類を月面に着陸させ、最終的には火星にも送り込むことです。

中国が宇宙に強い関心を抱いている主な理由の一つは、長年にわたり宇宙開発の主導的地位を保ってきたアメリカと競争することです。一方、アメリカもまた、野心的な宇宙プロジェクトを進めています。その一例が**アルテミス計画**で、この計画では 2020 年代半ばまでに人類を月に再び送り、最終的に**恒久的な**月面基地を設立することを目指しています。また、アメリカは 2030 年代に火星に人類を送ることを計画しており、月をそのための**中継地点**として利用する構想を持っています。さらに、アメリカは SpaceX や Blue Origin といった民間企業や他国と協力し、再利用可能なロケットや商業宇宙飛行の開発にも取り組んでいます。

月面基地の候補地として、水の氷が存在する可能性が高い月の南極付近が特に注目されている。水は飲料水や酸素、燃料（酸素と水素）として活用できるため、長期的な探査活動の重要な資源になるからだ。

Part 3 Space Exploration

private companies, such as SpaceX and Blue Origin, to develop reusable rockets and commercial space flights.

The new space race is not only about discovery, but also about politics, economics, and security. Space exploration offers many benefits, such as scientific knowledge, technological innovation, communication, navigation, weather forecasting, and Earth observation. Space is also a strategic region that can be used for military purposes, such as **intelligence**, **surveillance**, and missile defense. However, space is also a challenging and risky environment that poses many dangers, such as orbital debris, radiation, collisions, and **cyberattacks**.

The new space race is an exciting and important phenomenon that will shape the future of humanity. It will also test the limits of human ingenuity, courage, and cooperation. The new space race is not only a competition, but also an opportunity for collaboration and **dialogue** among different nations and actors.

Space Fact: The four countries that have so far landed on the moon are the United States, Russia, China, and India.

第 3 部 宇宙探査

　新たな宇宙開発競争は、発見だけでなく、政治、経済、安全保障にも深く関わっています。宇宙探査は、科学的知識の獲得、技術革新、通信、航法、気象予報、地球観測など、多くの利点をもたらします。また、宇宙は**諜報**、**監視**、ミサイル防衛などの軍事目的にも利用可能な戦略的な領域です。しかし同時に、宇宙は軌道上のデブリ、放射線、衝突、**サイバー攻撃**など、数多くの危険を伴う挑戦的な環境でもあります。

　この新たな宇宙開発競争は、人類の未来を形作る上で非常にエキサイティングで重要な現象です。それはまた、人間の創意工夫、勇気、そして協力の限界を試すものでもあります。この競争は単なる競争にとどまらず、異なる国々や関係者間での協力や**対話**を促進する機会でもあります。

現代の宇宙開発競争の一つの焦点は、月の資源、特に「ヘリウム3」という地球の大気上では希少な資源の採掘だ。ヘリウム3は、将来的に地球上でクリーンな核融合エネルギーを生成するための重要な材料として注目されている。月面に大量に存在すると考えられており、これを巡る競争も激しくなると予想されている。

宇宙の豆知識　これまでに月面着陸を果たした国は、アメリカ、ロシア、中国、インドの4か国です。

The Future of Space Exploration

Thanks to new technology, wealth, and know-how, the human race's ability to explore space is growing **day by day**.

NASA plans to send humans to Mars in the 2030s. The journey will take about six months each way. The astronauts will have to live and work on Mars for at least a year before returning to Earth. They will face many **challenges** and dangers, such as radiation, dust storms, isolation, and low gravity. They will also have to grow their own food and recycle their water and waste. But they will also have the opportunity to make history and discover new things about Mars and themselves.

Another goal of space exploration is to establish a permanent presence on the moon. The moon is closer and easier to reach than Mars, as it takes only about three days to travel there from Earth. It will be used not only to test technology, tools, and instruments that will be needed for Mars, but it may be possible to produce **rocket fuel** for the long trip to the Red Planet there.

NASA plans to send humans back to the moon in the mid-2020s. The last time **humans walked on the moon** was in 1972. The new program is called Artemis, after the Greek goddess of the moon and the twin sister of Apollo, the name of the previous lunar program. NASA will use a new rocket called the *Space Launch System* (SLS) and a new spacecraft called *Orion* to carry astronauts to the

第3部 宇宙探査

宇宙探査の未来

　新しい技術、富、ノウハウのおかげで、人類の宇宙探査能力は日々向上しています。

　NASAは2030年代に人類を火星に送る計画を立てています。片道の旅には約6か月を要し、宇宙飛行士たちは地球に戻る前に、少なくとも1年間火星で生活し、働かなければなりません。彼らは放射線、砂嵐、孤立、低重力など、さまざまな課題と危険に直面するでしょう。また、自分たちで食料を栽培し、水や廃棄物を再利用する必要があります。しかし同時に、彼らは歴史を作り、火星や自分自身について新たな発見をする貴重な機会も得られるでしょう。

　宇宙探査のもう一つの目標は、月に恒久的な拠点を確立することです。月は火星よりも近く、到達が容易であり、地球から約3日で行くことができます。月は、火星探査に必要な技術、道具、機器をテストする場となるだけでなく、火星への長い旅のためのロケット燃料を生産できる可能性もあります。

　NASAは2020年代半ばに人類を再び月に送る計画を立てています。人類が月面を歩いたのは1972年が最後でした。この新しい計画は「アルテミス」と名付けられ、以前の月面計画「アポロ」の双子の姉であるギリシャ神話の月の女神にちなんでいます。NASAは、宇宙飛行士を月に運ぶために、新しいロケット「スペース・ローンチ・システム（SLS）」と新しい宇宙船「オリオン」を使用します。ま

国際宇宙ステーション(ISS)では植物の育成実験が行われており、火星移住に向けて研究が進められている。

Orion
オリオン

Space Launch System
スペース・ローンチ・システム

moon. NASA will also build a small space station called **Gateway** in orbit around the moon. Gateway will serve as a stopover point for lunar missions and a starting point for deeper space exploration.

One of the benefits of space exploration is that it can provide valuable resources for humanity. Some of these resources include minerals, metals, water, and energy. For example, some asteroids are rich in metals, such as iron, nickel, gold, and platinum. These could **be mined** and used for various purposes on Earth or in space. Ice can also be found on some asteroids and comets. Water can be used for drinking, farming, or making rocket fuel **by splitting it into hydrogen and oxygen**.

Several private companies are interested in asteroid mining and have plans to launch missions in the near future. These aim to identify and extract resources from **near-Earth asteroids** using robotic spacecraft.

Gateway
ゲートウェイ（想像図）

た、月の周回軌道上に小型宇宙ステーション「**ゲートウェイ**」を建設する予定です。ゲートウェイは、月面ミッションの中継地点およびさらなる宇宙探査の出発点として機能します。

宇宙探査の利点の一つは、人類に貴重な資源を提供できることです。これらの資源には、鉱物、金属、水、エネルギーなどが含まれます。例えば、一部の小惑星には鉄、ニッケル、金、プラチナといった金属が豊富に存在します。これらは**採掘され**、地球や宇宙でさまざまな目的に使用される可能性があります。また、一部の小惑星や彗星には氷が含まれており、水は飲料水や農業に利用できるほか、**水素と酸素に分解して**ロケット燃料を製造することもできます。

複数の民間企業が小惑星採掘に関心を持ち、近い将来にミッションを発足する計画を立てています。これらのミッションは、ロボット宇宙船を使用して**地球近傍小惑星**から資源を特定し、採掘することを目指しています。

「地球近傍小惑星(near-Earth asteroids)」は、地球に接近する軌道を持つ天体「地球近傍天体(near-Earth objects、NEO)」のうち小惑星のみを指す。英語でNEAsと呼ばれることもある。NASAによると地球に接近するために監視が必要とされるものは約8500個とされ、これらの小惑星が今後少なくとも100年間は地球に衝突する恐れはないとしている。

Part 3 Space Exploration

One of the dreams of space exploration is to travel beyond our solar system and visit other stars and planets. This is called **interstellar travel**, and it is very difficult and expensive to achieve. The nearest star to our solar system is **Proxima Centauri**, which is about 4 light-years away. To travel this distance with current technology would take thousands of years.

However, some scientists and engineers are working on new ways to make interstellar travel possible in the future. One of these projects is **Breakthrough Starshot**, which aims to send tiny spacecraft called *StarChips* to Proxima Centauri using powerful lasers. The *StarChips* would be attached to thin sails that would catch the laser beams and accelerate them to 20 percent of the speed of light. At this speed, they could reach Proxima Centauri in about 20 years.

Space exploration is an amazing adventure that can expand our knowledge, imagination, and **horizons**. It can also help us solve some of the problems we face on Earth, such as climate change, **resource scarcity**, and overpopulation. By exploring space, we can learn more about ourselves and our place in the universe.

第 3 部 宇宙探査

　宇宙探査の夢の一つは、私たちの太陽系を超えて他の星や惑星を訪れることです。これは**恒星間航行**と呼ばれ、実現は非常に困難かつ費用がかかります。太陽系に最も近い恒星は**プロキシマ・ケンタウリ**で、約4光年の距離にあります。この距離を現在の技術で移動するには何千年もかかるでしょう。

　しかし、一部の科学者やエンジニアたちは、将来的に恒星間旅行を可能にする新しい技術の開発に取り組んでいます。そうしたプロジェクトの一つが「**ブレークスルー・スターショット**」です。このプロジェクトでは、強力なレーザーを使用して「スターチップ」と呼ばれる小型宇宙船をプロキシマ・ケンタウリに送ることを目指しています。スターチップは薄い帆に取り付けられ、レーザービームを受けて光速の20%まで加速されます。この速度であれば、約20年でプロキシマ・ケンタウリに到達することが可能です。

　宇宙探査は、私たちの知識、想像力、そして**視野**を広げることができる素晴らしい冒険です。また、気候変動、**資源不足**、人口過剰といった地球上の課題を解決する手助けにもなります。宇宙を探査することによって、私たちは自分自身や宇宙における私たちの存在についてより深く理解することができるのです。

「スターチップ」は切手サイズとされ、レーザーの光を浴びて帆が推進力を得るため、従来のロケット推進とは異なり、燃料を積む必要がない。これにより、非常に軽量かつ高速で飛行可能になる。

宇宙用語集

アーガス作戦	Operation Argus	1958年にアメリカ国防脅威削減局により南大西洋で実施された核兵器とミサイルに関する秘密実験。
アストロバイオロジー	astrobiology	宇宙における生命の起源や進化、分布、未来を研究する学問分野。
アポロ1号	Apollo 1	最初の有人宇宙飛行計画の宇宙船、およびそのミッションの名称。1967年、打ち上げの予行演習中に火災事故が発生し3人の飛行士が死亡した。
アポロ7号	Apollo 7	1968年10月にアポロ計画で初めての有人宇宙飛行を行なった宇宙船、およびそのミッションの名称。
アポロ8号	Apollo 8	1968年12月に行われた、アポロ計画における2度目の有人宇宙飛行で使用された宇宙船、およびそのミッションの名称。地球周回軌道を離れて月を周回し、再び安全に地球に戻ってきた初の宇宙船となった。
アポロ11号	Apollo 11	1969年7月に史上初めて人類による月面着陸に成功したアポロ宇宙船、およびそのミッションの名称。
アポロ17号	Apollo 17	1972年12月に行われた、アポロ計画における最後の飛行で使用された宇宙船、およびそのミッションの名称。
アポロ計画	Apollo missions	アメリカ航空宇宙局（NASA）による人類初の月への有人宇宙飛行計画の名称。1961年から1972年にかけて実施され、全6回の有人月面着陸に成功した。
天の川銀河	Milky Way Galaxy	太陽系を含む銀河の名称で、銀河系ともいう。2000～4000億個の恒星が含まれる棒渦巻銀河とされ、地球から見えるその帯状の姿は「天の川」と呼ばれる。
アメリカ航空宇宙局	NASA (National Aeronautics and Space Administraion)	アメリカ合衆国連邦政府内における宇宙開発に関わる計画を担当する連邦機関。
アルテミス計画	Artemis Program	アメリカ合衆国連邦政府が出資し、NASAが主導する有人宇宙飛行（月面着陸）計画。
アンドロメダ銀河	Andromeda Galaxy	地球から約250万光年の距離に位置し、肉眼で見える最も遠い天体。およそ1兆個の恒星からなる巨大な渦巻銀河で、将来銀河系と衝突するとされる。
イオ	Io	木星の第1衛星で、「ガリレオ衛星」と呼ばれる4つの木星の衛星の中で最も内側を公転する。太陽系の衛星の中で4番目に大きく、最も高密度。太陽系の中で水を含む割合が最も少ない天体でもあり、多くの活火山をもつ。
イトカワ	Itokawa	太陽系の小惑星であり、地球に接近する地球近傍小惑星グループの一つである「アポロ群」に属する。日本の探査機「はやぶさ」が訪れた。

宇宙用語集

インジェニュイティ	Ingenuity	NASAの「マーズ2020」ミッションの一環として火星で運用されている小型のロボットヘリコプター。2021年、地球外の惑星で航空機による動力制御飛行に初めて成功した。
隕石	Meteorite	流星のうち、燃え尽きずに地表に落下したもの。
ヴァン・アレン帯	Van Allen radiation belt	地球を取り巻く自然の放射線帯で、磁場に捕らえられた高エネルギーの陽子や電子からなる。地球の磁場で宇宙放射線の一部を防ぐ効果もあるが、ヴァン・アレン帯自体が強い放射線環境のため、人工衛星や宇宙飛行士にとって危険な領域となる。
宇宙開発競争	space race	冷戦中にアメリカ合衆国と旧ソビエト連邦との間で宇宙開発をめぐって戦われた非公式の競争。
宇宙原理	cosmological principle	宇宙空間はいたるところ一様で等方であり、大局的な特徴は宇宙のどこで観測しても同じであるとする原理。
宇宙航空研究開発機構	JAXA (Japan Aerospace Exploration Agency)	日本の航空宇宙開発政策を担う国立研究開発法人。本部は東京都調布市に所在。
宇宙条約	Outer Space Treaty	国際的な宇宙法の基礎となった条約で、「月その他の天体を含む宇宙空間の探査及び利用における国家活動を律する原則に関する条約」が正式名称。宇宙空間における探査と利用の自由、領有の禁止、宇宙平和利用の原則、国家への責任集中原則などが定められている。
宇宙線	cosmic ray	宇宙空間を飛び交う高エネルギーの放射線のこと。主な成分は陽子であり、アルファ粒子、リチウム、ベリリウム、ホウ素、鉄などの原子核、電子、ニュートリノ、ガンマ線などが含まれる。
宇宙定数	cosmological constant	一般相対性理論を創り出したアインシュタインによって、膨張も収縮もしない静止宇宙モデルを構成するために考えられた時空の座標系に依存しない定数。通常ギリシャ文字Λ（ラムダ）で書き表される。
宇宙のインフレーション	cosmic inflation	誕生直後の宇宙が指数関数的な急膨張を引き起こしたとする初期宇宙の進化モデル。
宇宙の大規模構造	large-scale structure of the universe	銀河団とそれらをつなぐフィラメント状構造およびボイドが織りなす構造のこと。
宇宙の晴れ上がり	recombination epoch	ビッグバン理論において、ビッグバンからおよそ38万年後に、初めて光子（光の粒子）が長距離を進めるようになった時期を指す。電子が原子核と結合すると、光子は電子と相互作用せずに長距離を進むことができるようになる。その結果、宇宙は透明になり、これを「宇宙の晴れ上がり」と呼ぶ。
宇宙背景放射	cosmic microwave background	ビッグバンの名残として宇宙のあらゆる方向から放射されている一様な強度の電波（マイクロ波）。
宇宙遊泳	spacewalk	宇宙飛行士が宇宙空間に出て作業を行うこと。

衛星	moon/satellite	惑星や準惑星の周りを公転する天体。「天然衛星」は地球の月、木星のガリレオ衛星（イオ・エウロパ・ガニメデ・カリスト）などを指し、「人工衛星」は人類が打ち上げた通信・観測用の人工天体を指す。
衛星攻撃兵器	anti-satellite weapons (ASATs)	地球周回軌道上の他国の人工衛星を攻撃する兵器。
エウロパ	Europa	木星の第2衛星で、氷の下に液体の海があるとされる。直径は月よりわずかに小さく、太陽系内の衛星の中では6番目に大きい。
液体燃料ロケット	liquid-fueled rocket	液体の燃料と酸化剤をエンジンで燃焼させて推力を発生させるロケット。燃料の単位あたりの推力が高く、点火時間を調整できる。
エドウィン・ハッブル	Edwin Hubble	アメリカ合衆国の天文学者（1889–1953年）。我々の銀河系の外にも銀河が存在することや、銀河系外の銀河からの光が宇宙膨張により赤方偏移していることを発見した。近代を代表する天文学者の一人であり、現代の宇宙論の基礎を築いた人物。
エリス	Eris	冥王星と同じく準惑星に分類される太陽系外縁天体。冥王星型天体の1つに属する準惑星。
欧州宇宙機関	European Space Agency	1975年5月30日にヨーロッパ各国が共同で設立した、宇宙開発・研究機関。設立参加国は当初10か国、現在は22か国。
オポチュニティ	Opportunity	NASAの火星探査車で、マーズ・エクスプロレーション・ローバー計画で使用された2台の探査車のうちの2号機。約15年間にわたり探査を行なった。
オリオン	Orion	NASAがスペースシャトルの代替として開発中の有人ミッション用の宇宙船で、深宇宙探査を目的とする。
オリオン座	Orion	冬の代表的な星座の一つ。2等星が3つ並んだ「オリオン座の三つ星」を、赤い1等星ベテルギウス、青白い1等星リゲルと2つの2等星が四角に囲む。
オリオン腕	Orion Arm	銀河系の比較的小規模な渦状腕の1つで、現時点で太陽系が属する領域。
温室効果	greenhouse effect	大気圏を有する惑星の表面から発せられる赤外線放射が、大気圏外に放出される前に、その一部が大気中の物質に吸収され、再び惑星へ放出されてくることで、そのエネルギーが太陽光のエネルギーに加わって地表や地表付近の大気をさらにあたためる効果。
海王星	Neptune	太陽系の第8惑星で、強い風が吹く青い惑星。
カイパーベルト	Kuiper belt	太陽系の海王星軌道の外側にある、小惑星や氷・塵などが密集したリング状の領域。太陽から約48天文単位以遠をリング状に取り巻くこの領域は彗星の供給源であると、天文学者カイパーが1950年代に提唱した。

宇宙用語集

火球	fireball	通常の流星よりも大きな流星（数cmから数10cm程度）が大気に突入したときに観測されるもので、爆発的な現象が見られたり地上で音が聞こえたりすることがある。
核融合	nuclear fusion	軽い核種同士が融合してより重い核種になる原子核反応。非常に大きなエネルギーが発生する。
可視光線	visible light	人間の目に光として感じる波長範囲の電磁波。
ガス星雲	gaseous nebula	星間物質が周辺より高い密度で集まり、明るく輝いたり、あるいは光を吸収して黒く（暗く）なったりして、雲のように見える天体。
カッシーニ	Cassini	NASAと欧州宇宙機関（ESA）によって開発され、1997年に打ち上げられた土星探査機。
褐色矮星	brown dwarf	質量が小さく中心部で水素の核融合が起こらない星。
かに座55番星e	55 Cancri e	地球から40.25光年離れた、太陽と似た恒星かに座55番星の周りを公転する太陽系外惑星。
ガニメデ	Ganymede	木星の第3衛星で、太陽系に存在する衛星の中で直径、質量ともに最大。
ガリレオ	Galileo	1989年10月18日にNASAが打ち上げた木星探査機。名称は、天文学者ガリレオ・ガリレイに由来。
ガリレオ衛星	Galilean moons/ Galilean satellites	イタリアの天文学者ガリレオ・ガリレイによって発見された木星の4つの衛星「イオ」「エウロパ」「ガニメデ」「カリスト」のこと。木星の衛星の中でも群を抜いて大きく、サイズは惑星である水星にも匹敵する。
カロン	Charon	冥王星の第1衛星かつ冥王星最大の衛星。
岩石惑星	rocky planet	「地球型惑星」の別称。太陽系では水星・金星・地球・火星が含まれる。
軌道ロケットブースター	Orbital Rocket Booster	多段式の打ち上げロケットの最初の段階、または持続ロケットと並行して使用される短時間燃焼するロケット。ロケットの軌道投入を補助する推進装置。
球状星団	globular cluster	恒星が互いの重力で球形に集まった天体で、銀河の周りを軌道運動している。中心に行くほど急速に星の密度が高くなる。
キュリオシティ	Curiosity	NASAが火星探査ミッションで用いる無人探査車で、地質学的調査を行っている。
協定世界時	coordinated universal time（UTC）	世界の標準時刻の基準として用いられる時刻。国際原子時（TAI）において24時間（8万6400秒）で定義された1日と、地球の自転から決まる1日（平均太陽日）との間にあるずれを、国際原子時（TAI）をもとに調整して定められている。
局所銀河群	Local Group	太陽系が属する天の川銀河が所属する銀河群。大小50〜60個以上の銀河で構成されている。
巨大ガス惑星	gas giant	木星型惑星のうち、主に水素とヘリウムなどのガス成分から構成される木星と土星のこと。

巨大氷惑星	ice giant	木星型惑星のうち、メタンやアンモニアを含む氷や液体の水を主体とする天王星と海王星のこと。
銀河	galaxy	数千から数兆個の恒星や宇宙空間に漂うガス、塵などが集まった巨大な天体。
銀河系	Milky Way Galaxy	私たちの太陽系が属する巨大な星の集まり。
銀河団	galaxy cluster	数百個から数千個の銀河が互いの重力で結びついた巨大な構造。
クインテッセンス	quintessence	基本相互作用で知られる4つの力(電磁気力、重力、強い力、弱い力)以外の力の起源として考えられている仮説上のエネルギー。宇宙の加速膨張の説明として提案されている。時間の経過に関係なく一定である宇宙定数とは異なり、それ自身がダイナミックであり時間の経過とともに変化する。
クエーサー	quasar	恒星状天体、準星ともいう。非常に離れた距離に存在し極めて明るく輝いているために、恒星のような点光源に見える天体。大質量ブラックホールをエネルギー源に持ち、非常に遠方にある活動銀河核を持つ銀河の一種であると考えられている。
クォーク	quark	基本粒子(素粒子)のグループの一つで、クォークは、レプトン、ボソンとともに物質の基本的な構成要素である。ハドロンはクォークで構成される。クォークは3つの世代を形成し、第1世代の「アップ」「ダウン」、第2世代の「チャーム」「ストレンジ」、第3世代の「トップ」「ボトム」の6種類のクォークが存在する。
グルーオン	gluon	クォークを結びつけ、陽子や中性子などのハドロンの内部で、強い相互作用を伝える。「糊づける」という英語glueに基づいて命名された。「色荷(カラー)」と呼ばれる量子数を持ち、8種類のグルーオンが存在する。
系外惑星	exoplanet	太陽系の外にある、太陽以外の恒星を公転する惑星。太陽系外惑星(Extrasolar planet)ともいう。
ゲージ粒子	gauge boson	ゲージ相互作用を媒介するボソンの総称。相互作用がゲージ理論で記述される素粒子間で、ゲージ粒子を交換することにより力が生じる。標準模型においては、電磁相互作用を媒介する光子、弱い相互作用を伝えるウィークボソン、強い相互作用を伝えるグルーオンの3種類がある。重力を媒介するゲージ粒子である重力子は未発見。
ケスラーシンドローム	Kessler Syndrome	軌道上のスペースデブリが連鎖的に衝突し、増加する現象。スペースデブリの危険性を端的に説明するシミュレーションモデル。
ケルビン	kelvin	熱力学温度(絶対温度)の単位。記号は大文字のKで表記する。恒星の表面温度を表すのに適している。
ケレス	Ceres	火星と木星の間の小惑星帯(メインベルト)に位置する準惑星。太陽系最大の小惑星で、準惑星にも分類される。

宇宙用語集

光子球	photon sphere	ブラックホールの事象の地平線のやや外側に細く光って見える、輪のような形をした球面のこと。光子球の内側に入った光は、強い重力によって進行方向を曲げられてブラックホールに吸い込まれる。地球から見た光子球の見かけの直径は事象の地平面の2.5倍ほどになる。2019年に初めて光子球の直接観測に成功し、M87のブラックホールが確認された。
恒星	star	太陽のように、自ら核融合反応を起こして光や熱を放つ天体。
恒星質量ブラックホール	stellar-mass black hole	太陽の30倍以上の大質量星が超新星爆発を起こすことによって生まれる、もっとも一般的なブラックホール。恒星ブラックホールともいう。
降着円盤	accretion disk	中心にある重い天体の周囲を公転しながら落下する物質によって形成される円盤状の構造のこと。
公転	revolution	ある天体が別の天体を中心に、円軌道または楕円軌道に沿って周回する運動のこと。例えば、地球は太陽の周りを公転している。
光年	light year	光が1年間に進む距離(約9.46兆km)。
国際宇宙ステーション	International Space Station (ISS)	地球を低軌道で周回するモジュール式の居住可能な人工衛星。NASA(米国)、ロスコスモス(ロシア)、JAXA(日本)、ESA(ヨーロッパ)、CSA(カナダ)の5つの宇宙機関が参加する多国籍共同プロジェクトによるISSは、微小重力と宇宙環境における、宇宙生物学、天文学、気象学、物理学などの科学研究実験施設として機能する。ISSは、地球の表面から肉眼で定期的に見ることができ、約91分で地球を一周し、1日あたり地球を15.5周回する。
国際天文学連合	International Astronomical Union (IAU)	世界の天文学者で構成される国際組織。恒星や惑星、小惑星、その他の天体とその地形に対する命名権を取り扱い、命名規則のために専門作業部会が設けられている。
黒色矮星	black dwarf	白色矮星が冷えて電磁波による観測が不可能になると考えられている仮説上の天体。
ゴルディロックス・ゾーン	Goldilocks zone	地球の生命と似た生命が存在できる天文学上の領域。日本語では「生命居住可能領域」「生存可能圏」「生存可能領域」などと呼ばれる。
コロンビア号空中分解事故	Columbia Disaster	2003年2月1日に、アメリカ合衆国のスペースシャトル「コロンビア号」が大気圏に再突入する際、テキサス州とルイジアナ州の上空で空中分解し、7名の宇宙飛行士が犠牲になった事故。
ジェイムズ・ウェッブ宇宙望遠鏡	James Webb Space Telescope (JWST)	アメリカ航空宇宙局(NASA)が中心となって開発を行なっている赤外線観測用の最新の宇宙望遠鏡。ハッブル宇宙望遠鏡の後継機で、2021年12月25日に打ち上げられた。名称は、NASAの第2代長官ジェイムズ・E・ウェッブにちなんで命名された。

指向性エネルギー兵器	directed-energy weapons (DEWs)	目標に対しレーザーやマイクロ波など指向性のエネルギーを直接に照射する攻撃を行い、目標物を破壊したり機能を停止させる兵器。
事象の地平線	Event Horizon	情報は光や電磁波などにより伝達され、その最大速度は光速であるが、光などでも到達できなくなる領域（距離）が存在し、ここより先の情報を知ることができない。この境界を「事象の地平線」と呼ぶ。「シュバルツシルト面」「事象の地平面」ということもある。
自転	rotation	天体などがその重心を通る軸の周りを回転すること。
ジャイアント・インパクト説	giant impact hypothesis	地球の衛星である月がどのように形成されたかを説明する学説で、月は原始地球と火星ほどの大きさの天体が激突した結果形成されたとされる。原始地球に激突したとされる仮想の天体は「テイア（Theia）」と呼ばれることがある。
重力波	gravitational waves	時空のゆがみが波動として光速で伝播する現象。1916年に、一般相対性理論に基づいてアルベルト・アインシュタインによってその存在が予言され、2016年2月に直接検出された。
重力レンズ	gravitational lensing	遠くの天体から出た光が、途中にある銀河や銀河団などの重力場によってその進行を曲げられることにより観測者に届いた光の像が歪んで見える、光学レンズに似た効果が生じる現象。
祝融号	Zhurong	中国が最初に地球以外の惑星に上陸させた火星探査車で、2020年7月23日に中国国家航天局（CNSA）が火星に向けて打ち上げた天問1号の一部。火星探査車を運ぶ着陸船は、2021年5月14日に火星に軟着陸した。
主系列星	main sequence star	中心部で水素原子核がヘリウム原子核に融合される核融合反応を起こしている恒星。星間ガスから生まれたばかりの原始星は、重力収縮し、中心部の温度が1000万K（ケルビン）を超えると、水素原子核の核融合反応が中心部で始まる。
ジュノー	Juno	2011年8月5日に打ち上げられたNASAの木星探査機。2016年7月5日、木星の極の上空付近を通る軌道への投入に成功した。
準惑星	dwarf planet	冥王星やエリスなど、惑星と小惑星の中間の大きさの天体。太陽の周囲を公転する惑星以外の天体のうち、それ自身の重力によって球形になれる質量を有するもの。
小惑星	asteroid	岩石を主成分とする天体で、その多くは火星と木星の間の軌道を公転している。地球付近を通過する可能性のある小惑星も存在する。地球の月よりはるかに小さく、球形をしているのはごく一部の大型の小惑星のみで、大半は丸みを帯びた不定形である。
小惑星帯	asteroid belt	太陽系の火星の公転軌道と木星の公転軌道との間に存在する、小惑星の公転軌道が集中している領域。この地帯では、木星の強い重力により、微惑星が惑星になる段階を阻まれ、小惑星の状態で太陽の周りを回り続けているとされる。

宇宙用語集

シリウス	Sirius	おおいぬ座で最も明るい恒星で、太陽を除けば地球上から見える最も明るい恒星。オリオン座の「ベテルギウス」、こいぬ座の「プロキオン」と共に「冬の大三角」を形成する。肉眼では1つの恒星に見えるが、「シリウスA」と呼ばれるA型主系列星と「シリウスB」と呼ばれる白色矮星から成る連星であり、地球に近い恒星の一つ。
真空	vacuum	一般的には「通常の大気圧より低い圧力の気体で満たされた空間の状態」。量子論では「何もない」状態ではなく、常に粒子と反粒子の対生成や対消滅が起きている。
人工衛星	artificial satellite	主に地球の軌道上に存在し、具体的な目的を持つ人工天体。軍事衛星(偵察衛星)、通信衛星、放送衛星、地球観測衛星、航行衛星、気象衛星、科学衛星、アマチュア衛星などがある。
人工衛星の帯電現象	satellite charging	宇宙空間では、人工衛星がプラズマ環境にさらされることで静電帯電が発生する。これが進行すると絶縁破壊を引き起こし、人工衛星の誤作動や故障の原因となる。
人工放射線帯	artificial radiation belt	人為的な活動(高高度核爆発や人工的な電子注入)によって、地球の磁場に捕らえられた荷電粒子が増加し、形成される放射線帯。人工衛星や宇宙飛行士に悪影響を及ぼす可能性がある。
彗星	Comet	主に氷や固体微粒子でできた太陽系の小天体。太陽に近づいた際、太陽から放射される熱によってその表面が蒸発してガスや塵が発生し、「コマ」と呼ばれる極めて希薄な大気となって核の周りを球状に覆う。また、太陽からの放射圧と太陽風により、太陽と反対側に「尾(テイル)」が形成される。尾には、塵や金属で構成される白っぽい「ダストテイル(塵の尾)」と、イオン化されたガスで構成される青っぽい「イオンテイル(イオンの尾)」または「プラズマテイル(プラズマの尾)」がある。
スーパーアース	super Earth	太陽系外惑星のうち地球の数倍の質量を持ち、かつ主成分が岩石や金属などの固体成分と推定された惑星。日本語で「巨大地球型惑星」とも言う。
スターリンク	Starlink	アメリカ合衆国の民間企業スペースXが運用している衛星インターネット通信網。
すばる望遠鏡	Subaru Telescope	日本の国立天文台(NAOJ)が、アメリカのハワイ州ハワイ島のマウナケアの山頂域(標高約4200m)に建設した、経緯台方式の大型光学赤外線望遠鏡。
スプートニク1号	Sputnik 1	旧ソビエト連邦が1957年10月4日に打ち上げた世界初の人工衛星。
スペースX	SpaceX	カリフォルニア州ホーソーンに本社を置くアメリカの航空宇宙メーカー。2002年にイーロン・マスクによって設立された。
スペースシャトル	Space Shuttle	アメリカ航空宇宙局(NASA)が1981年から2011年にかけて135回打ち上げた、再使用をコンセプトに含んだ宇宙船。

スペースデブリ	space debris	地球の軌道上に存在する人工衛星や打ち上げロケットなどの残骸や破片。「宇宙ゴミ（space junk）」とも呼ぶ。近年では、打ち上げ計画時からスペースデブリ化を防ぐために運用終了時の対応を決めていたり、予期せぬ衝突を防ぐために宇宙状況監視の能力を高める動きがある。
スペクトル	spectrum	光や電磁波、音など、複雑な情報や信号をその成分に分解し、成分ごとにその強度分布を配列したもので、2次元以上で図示されることが多い。日本語の「スペクトル」はフランス語のspectreに由来し、英語のspectrum［スペクトラム］同様に、ラテン語のspectrum［スペクトルム］を語源としている。
スペクトル型	spectral type	スペクトル分類による恒星分類で細分された星のタイプ。太陽はG2V型と表記される。
スペクトル型G2型の主主系列星	G2-type star	スペクトル型がG型で、その質量と明るさによりG2型に分類される主系列星。G型主系列星は黄色矮星とも呼ばれる。太陽はG型主系列星の一つであり、スペクトル分類はG2V型である。
スペクトル線	spectral line	スペクトル上に現れる暗線や輝線のこと。
スペクトル分類	spectral classification	恒星から放射された電磁波を捉えてスペクトルを観察することによって分類する、恒星の分類法の一つ。星の放射スペクトルには、連続光成分と星の大気中の原子や分子によるスペクトル線吸収とが現れる。この吸収スペクトルの種類と強度により、星のスペクトル型が定義される。一方、恒星の光度（絶対等級）の違い（光度階級）による分類では、I（超巨星）、II（輝巨星）、III（巨星）、IV（準巨星）、V（主系列星）、VI（準矮星）、VII（白色矮星）が定義される。温度系列を表すハーバード分類に光度階級分類を加えた方式として「MK分類」が用いられている。「MK分類」の名称は、この分類を提唱した天文学者のウィリアム・ウィルソン・モーガンとフィリップ・チャイルズ・キーナンの名前に由来する。
星雲	nebula	宇宙空間に漂うガスや塵などの星間物質が、重力的にまとまりをもって形成する天体。点に見えない、ぼんやり広がりのある天体が雲のように見えることから「星雲」と呼んだ。光を放たない「暗黒星雲」、光を放射あるいは付近にある恒星などの光を反射する「散光星雲」、恒星から放出されたガスによってできた「惑星状星雲」、超新星爆発の結果生まれる「超新星残骸」がある。
星間空間	interstellar space	銀河内の恒星と恒星の間に広がる空間。恒星の影響が及ぶ空間の惑星と惑星の間の空間は「惑星間空間」、銀河と銀河の間の空間は「銀河間空間」とされ、星間空間とは区別される。星間空間には、水素などからなる「星間ガス」、固体微粒子からなる「星間ダスト」、宇宙線や星間磁場、電磁波などの「非熱的高エネルギー粒子」が存在する。

宇宙用語集

星間物質	interstellar matter	恒星と恒星の間の空間に存在するガスや固体微粒子の総称。主に水素やヘリウムなどの軽い気体からなる「星間ガス」と、ケイ素、炭素、鉄、マグネシウムなどの固体からなる微粒子である「星間塵（宇宙塵）」に分けられる。大部分は可視光では観測不能であり、赤外線や電波により観測される。
静止軌道	geostationary orbit (GEO)	地球の自転周期と衛星の公転周期が一致している軌道。赤道上空約3万6000kmの軌道で、地上からは静止しているように見える。
星団	star cluster	恒星が密集している天体の集まり。同じガスから誕生した、互いの重力相互作用によって結びついた恒星の集団。
赤色巨星	red giant	恒星が主系列星を終えた後の進化段階。核融合反応が進んで恒星の中心にヘリウム原子核がたまり、恒星の外側の大気が膨張して表面温度が低下するために赤く見える。赤色巨星の半径は、地球の公転軌道半径から火星のそれに相当する。太陽は、あと約50億年で赤色巨星になり、その後、白色矮星になると考えられている。
赤色矮星	red dwarf	主系列星（矮星）の中で特に小さく低温な恒星のグループ。表面が低温であるため赤色に見える。赤色矮星は銀河系の恒星の中で最も一般的なタイプの恒星で、太陽系に近い恒星60個のうち50個が赤色矮星である。銀河系内の恒星のうち4分の3を赤色矮星が占めるという推定もある。
相対性理論	theory of relativity	アルベルト・アインシュタインが20世紀初頭に発表した、時間と空間に関する理論。現代物理学の柱として重要な理論で、特殊相対性理論と一般相対性理論の2つがある。
素粒子	elementary particle	物質を構成する最小単位の粒子で、クォークやレプトンなどが含まれる。「基本粒子」ともいう。素粒子はフェルミ統計に従う「フェルミ粒子」とボース統計に従う「ボース粒子」に分類される。電子、ミュー粒子、ニュートリノ、陽子、中性子はフェルミ粒子であり、光子、ウィークボソン、グルーオン、ヒッグス粒子、中間子はボース粒子である。重力を媒介するゲージ粒子の重力子（グラビトン）はボース粒子と考えられている。素粒子の大きさはわかっておらず、大きさが無い（点粒子）とする理論と、非常に小さいがある大きさを持つとする理論がある。
ダークエネルギー	dark energy	現代宇宙論および天文学において、宇宙全体の平均エネルギー密度の約4分の3を占めており、宇宙の膨張を加速していると考えられる仮説上のエネルギー。日本語では暗黒エネルギーとも呼ぶ。
ダークマター	dark matter	目に見えないが、銀河の動きからその存在が推測される謎の物質。日本語では暗黒物質とも呼ぶ。
大航海時代	Age of Discovery/Age of Exploration	15世紀半ばから17世紀半ばにかけて、主にポルトガルやスペインなどのヨーロッパ人によるアフリカ・アジア・アメリカ大陸への大規模な航海や探検が行われた時代。

タイタン	Titan	土星の第6衛星かつ土星最大の衛星。大気と液体の海を持つ。
太陽系	solar system	太陽およびその重力で周囲を直接的、あるいは間接的に公転する天体から構成される惑星系。銀河系（天の川銀河）の中心から約2万6000光年離れた、オリオン腕の中に位置している。
太陽風	solar wind	太陽から放出される極めて高温な荷電粒子（プラズマ）の流れ。
太陽フレア	solar flare	太陽の表面における爆発的な増光現象。太陽フレアは、しばしば衝撃波や「太陽風」を伴い、地球に接近して「磁気嵐」を起こすことがある。2012年7月、巨大な太陽フレアに伴う太陽風が地球をかすめた。
大惑星	giant planet	「木星型惑星」の別称。太陽系では、木星・土星・天王星・海王星が分類される。
ダクティル	dactyl	小惑星イダの周囲を回っている平均直径1.4kmの衛星。
多元宇宙論	multiverse	私たちの宇宙とは別に無数の宇宙が存在するという仮説。「マルチバース」と同義。
弾道ミサイル防衛システム	ballistic missile defense systems (BMDs)	弾道ミサイルからある特定の区域を防衛すること、およびその構想。
地球型惑星	terrestrial planet	ケイ酸塩鉱物が主体の岩石と鉄を主成分とする金属から構成される惑星。岩石惑星ともいう。木星型惑星や天王星型惑星と比べ、質量が小さく密度が大きい。太陽系では水星・金星・地球・火星が含まれる。
チャレンジャー号爆発事故	Challenger Disaster	1986年1月28日に、アメリカ合衆国のスペースシャトル「チャレンジャー号」が打ち上げから73秒後に分解し、7名の乗組員が全員死亡した事故。
中間質量ブラックホール	intermediate-mass black hole (IMBH)	質量が恒星質量ブラックホール（質量が太陽質量の10～数十倍）よりも著しく大きく、かつ超大質量ブラックホール（質量が太陽質量の100万倍以上）よりもはるかに小さいブラックホールのこと。
中国国家航天局	CNSA (China National Space Administration)	中国の国家行政機関の一つで、同国の民用宇宙開発を管轄する機関。
中性子	neutron	陽子とともに原子核を構成する電気的に中性の粒子。陽子と中性子は「核子」と総称される。
中性子星	neutron star	大質量の恒星が超新星爆発を起こした後に残る、ほぼ中性子だけで構成された極めて密度の高い天体。
超新星	supernova	大質量の恒星や近接連星系の白色矮星が起こす大規模な爆発（超新星爆発）によって突然明るく輝く天体。2世紀に中国で記録されており、ティコ・ブラーエやヨハネス・ケプラーも観測記録を残している。
超新星爆発	supernova explosion	大質量の恒星や近接連星系の白色矮星が起こす大規模な爆発。爆発によって星の本体は飛散するが、爆発後の中心部に中性子星やブラックホールが残る場合がある。

宇宙用語集

潮汐ロック	tidal lock	天体の自転周期と公転周期が等しくなる状態を指す。この状態では天体が常に相手に同じ面を向けて回転する。
超大質量ブラックホール	supermassive black hole (SMBH)	太陽の10^5倍から10^{10}倍程度の質量を持つブラックホール。銀河系（天の川銀河）を含む、ほとんどの銀河の中心に存在すると考えられている。
対消滅	annihilation	素粒子とその反粒子が衝突して消滅し、エネルギーや他の素粒子に転化する現象。
低高度地球軌道	low Earth orbit (LEO)	地球の周囲を周回する軌道で、周期が128分以下（1日に少なくとも11.25周する）の軌道。高度2000km以下の地球周回軌道。
電荷	electric charge	物体が帯びている静電気の量、あるいはその物理量。
電子	electron	レプトンに属する素粒子の一種で、負の電荷の単位となる基本粒子。陽子、中性子とともに原子を構成する。電子は、電気、磁気、化学結合、熱伝導など数多くの物理現象において重要な役割を担う。
電磁放射線	electromagnetic radiation	放射線のうち電磁波として伝わるエネルギーの形態をいい、一般に、赤外線、可視光線、紫外線、エックス線（X線）、ガンマ線（γ線）を指す。
天王星	Uranus	太陽系の第7惑星で、横倒しの自転軸を持つ。1781年、イギリスの天文学者ウィリアム・ハーシェルにより発見された。
天王星型惑星	ice giant	広義の木星型惑星（大惑星）のうち、メタンやアンモニアを含む氷や液体の水を主体とする惑星。太陽系では土星より外側にある天王星と海王星がこれにあたる。
天問1号	Tianwen-1	中国が2020年7月23日に打ち上げに成功した火星探査機の名称。中国が打ち上げと着陸に成功した初の火星探査機。
特異点	singularity	一般に、ある基準に対して異常な性質を示す、あるいは、その基準が適用できない点を指す。物理学においては、重力の大きさが無限大になる点であり、ブラックホールは宇宙の特異点であるとされる。宇宙に関しては、宇宙が膨張する前に存在した無限に小さく、無限に高温で、無限に高密度な点も、特異点と言える。
ドップラー効果	Doppler effect	音波や電磁波などの波の発生源が移動したりその観測者が移動することにより、波の周波数が実際とは異なる値として観測される現象。遠ざかる光源からの光は赤っぽく（赤方偏移）、近づく光源からの光は青っぽく（青方偏移）見える。このような光のドップラー効果は、光源や観測者の速度によらず、光が常に一定の速度で伝播することに起因する。
ドラゴン	Dragon	アメリカの民間宇宙企業スペースX社により開発された無人宇宙船。
トリトン	Triton	海王星最大の衛星で、海王星で発見された初めての衛星。逆行軌道を持つ。

237

ニュートリノ	Neutrino	電荷を持たず、質量は極めて小さい、物質とほとんど相互作用しない素粒子。「中性微子」とも書く。電子ニュートリノ、ミューニュートリノ、タウニュートリノの3種類と、それぞれの反粒子を合わせて、6種類あると考えられている。ヴォルフガング・パウリが存在仮説を提唱し、エンリコ・フェルミが名づけ、フレデリック・ライネスらの実験により、その存在が証明された。
ニュー・ホライズンズ	New Horizons	NASAが2006年に打ち上げた、冥王星を含む太陽系外天体の探査を行うための人類初の無人探査機。
ネオワイズ彗星	NEOWISE Comet	赤外線観測衛星NEOWISEによって2020年に発見され、肉眼でも観測された長周期彗星。
パーサヴィアランス	Perseverance	NASAの「マーズ2020」ミッションの一環として、火星のジェゼロクレーターを探査するための火星探査機。19台のカメラと2つのマイクを搭載するほか、小型ヘリコプター「インジェニュイティ」を搭載している。2021年に火星に着陸した。
バイキング1号	Viking 1	NASAのバイキング計画で火星に送られた2機の探査機のうち最初の1機。1975年8月20日に打ち上げられ、1976年6月に火星軌道に到達した後、着陸に適した地点を探索し、1976年7月20日に火星に着陸した。
バイキング2号	Viking 2	NASAのバイキング計画で火星に送られた探査機で、バイキング1号の後継機。1975年9月9日に打ち上げられ、1976年9月3日に火星に着陸した。
ハウメア	Haumea	楕円形の準惑星で、太陽系外縁天体のサブグループである冥王星型天体の一つ。
白色矮星	white dwarf	大部分が電子が縮退した物質によって構成されている恒星の残骸であり（縮退星）、恒星が進化の終末期にとりうる形態の一つ。
パスファインダー	Pathfinder	NASAのJPL（ジェット推進研究所）がディスカバリー計画の一環として行った火星探査計画、またはその探査機群の総称。1996年12月4日に地球を発ち、1997年7月4日に火星に着陸した。
ハッブル宇宙望遠鏡	Hubble Space Telescope	宇宙空間から天体を観測するNASAの望遠鏡。1990年4月24日に打ち上げられた、地上約600km上空の軌道上を周回する宇宙望遠鏡。
ハビタブルゾーン	habitable zone	地球の生命と似た生命が存在できる天文学上の領域。惑星が生命を維持できる適温の範囲。「ゴルディロックスゾーン」とも呼ばれ、日本語では「生命居住可能領域」「生存可能圏」「生存可能領域」などと呼ばれる。
はやぶさ	Hayabusa	2003年5月9日に日本の宇宙科学研究所（ISAS）が打ち上げた小惑星探査機。2005年夏に小惑星イトカワに到達し、地球重力圏外にある天体の固体表面に着陸してのサンプルリターンに世界で初めて成功した。

宇宙用語集

パルサー	pulsar	高速で回転し、規則的に電磁波を放射する中性子星。
ハレー彗星	Halley's Comet	75.32年周期で地球に接近する短周期彗星。ニュートンの友人であったエドモンド・ハレーは、1705に出版した著書で、ニュートンが導入した法則を用いて木星や土星の重力の影響を考慮して軌道を計算し、1682年に観測した彗星も含めた24種の彗星を一覧にまとめた。ハレーが1682年に観測した彗星が、後の「ハレー彗星」である。紀元前240年、前漢の史記に、彗星が東に現れ、北の方に動いていき、その後、西の方にも現れたことが記録されている。
反粒子	antiparticle	ある素粒子と質量とスピンが等しく、電荷の正負が逆の素粒子。例えば、電子と陽電子、陽子と反陽子は、それぞれ互いに反粒子である。
微小重力	microgravity	自由落下に近い環境で、重力の影響がほとんどない状態。高度400km付近の宇宙空間でもわずかな大気が存在するために、宇宙ステーション（ISS）やスペースシャトルは常に、その抵抗力を受けて負の加速度が発生するなどの理由から、「微小重力」という用語が使われる。
ヒッグス粒子	Higgs Boson	素粒子に質量を与えるとされる粒子。粒子の質量の起源を説明するため、1964年にピーター・ウェア・ヒッグスが「ヒッグス機構」と呼ばれる理論を提唱した。
ビッグバウンス理論	Big Bounce Theory	宇宙が膨張と収縮を繰り返しているとする仮説。
ビッグバン	Big Bang	宇宙は非常に高温高密度の状態から始まり、それが大きく膨張することによって低温低密度になっていったとする膨張宇宙論（ビッグバン理論）における、約138億年前の宇宙開始時の爆発的膨張。
ビッグバン元素合成	Big Bang nucleosynthesis (BBN)	現代宇宙論において、水素以外の元素の原子核が宇宙の発展の各段階で形成されたことを表すもの。
微惑星	Planetesimal	太陽系の形成初期に存在したと考えられている微小天体。
ファルコン1	Falcon 1	スペースX社により開発された2段式の商業用打ち上げロケット。
ファルコン9	Falcon 9	スペースX社により開発され、打ち上げられている2段式の商業用打ち上げロケット。
ファルコンヘビー	Falcon Heavy	スペースX社により開発された宇宙飛行用の大型ロケット（打ち上げ機）。
フィラメント状構造	filamentary structure	複数の銀河団の間を結ぶ細長い帯状領域に分布する銀河分布のパターン。
ブラックホール	black hole	極めて高密度で、極端に重力が強いために、物質だけでなく光すら脱出することができない天体。
ブルーオリジン	Blue Origin	Amazon.comの設立者であるジェフ・ベゾスが設立した航空宇宙企業で、有人宇宙旅行を目指す。

ブレイン・コンピュータ ー・インターフェース	brain-computer interface	脳波の検出あるいは脳への刺激などの手法により、脳とコンピューターなどの機器とのインターフェースを実現する技術や装置の総称。
ブレークスルー・スターショット	Breakthrough Starshot	レーザー推進式の恒星間探査機の概念実証のための機体を開発する研究および実用化計画。
プロキシマ・ケンタウリ	Proxima Centauri	ケンタウルス座の方向に4.246光年離れた位置にある赤色矮星。太陽系に最も近い恒星として知られている。
ボイジャー	Voyager	NASAの無人宇宙探査機。木星よりも遠くの外惑星および衛星の探査を目的として開発・運用されている。ボイジャー1号（1977年9月5日打ち上げ）と2号（1977年8月20日）の2機がある。
ボイド	void	宇宙の大規模構造における、銀河がほとんど存在しない巨大な空間。日本語で「超空洞」とも言う。
ボーイング	Boeing	アメリカ合衆国のイリノイ州シカゴに本社を置く世界最大の航空宇宙機器開発製造会社。
ホーキング放射	Hawking Radiation	ブラックホールがわずかにエネルギーを放出し、蒸発する可能性があるという、スティーヴン・ホーキングが存在を提唱し指摘した、ブラックホールからの熱的な放射。
ホスフィン	phosphine	分子式 PH_3で表される、リンと水素による無機化合物。常温では無色腐魚臭の可燃性気体であり、地球の大気中にわずかに存在する。
北極星	North Star/Polaris	地球の自転軸を北極側に延長した天球面上の「天の北極」近くにある星。地球の自転により天の北極も移動して、北極星も何千年かごとに別の星に移り変わる。21世紀現在では、こぐま座α星のポラリスを北極星としている。
ホットジュピター	Hot Jupiter	恒星の近くを公転する高温の巨大ガス惑星。木星ほどの質量を持つガス惑星でありながら、主星の恒星からわずかしか離れておらず、表面温度が非常に高温になっている太陽系外惑星の分類の1つ。
ポベートール	Phobetor	PSR B1257+12が伴っている太陽系外惑星の一つ。パルサーから約0.36天文単位の距離を約66日間かけて公転する。地球の4倍以上の質量を持つ。
ポルターガイスト	Poltergeist	PSR B1257+12が伴っている太陽系外惑星の一つ。パルサーから約0.46天文単位の距離を約98日間かけて公転する。地球の4倍近い質量を持つ。
マーズ2020	Mars 2020	アメリカ航空宇宙局 (NASA) 火星探査プログラムによるミッションであり、火星探査機「パーサヴィアランス」と小型の火星ヘリコプター「インジェニュイティ」から構成される。2020年7月30日に打ち上げられ、2021年2月18日に火星のジェゼロ・クレーターに着陸した。
マーズ・ローバー	Mars Rover	火星の地表を探査するために自動で走行するロボット探査機。

宇宙用語集

マグネター	Magnetar	非常に強い磁場を持つ特殊な中性子星。
マケマケ	Makemake	準惑星であり、太陽系外縁天体のサブグループである冥王星型天体の1つ。
マゼラン	Magellan	NASAが1989年に打ち上げた惑星探査機。金星地表の地形をレーダーにより明らかにした。
マゼラン雲	Magellanic Clouds	銀河系の伴銀河として知られる、銀河系の近くにある2つの銀河「大マゼラン雲」「小マゼラン雲」の総称。ヨーロッパ人に知られるようになったのは、1519年から1522年のフェルディナンド・マゼランによる世界一周航海に参加したヴェネツィアのアントニオ・ピガフェッタが記録してからである。
マルチバース	Multiverse	私たちの宇宙とは別に無数の宇宙が存在するという仮説。「多元宇宙論」と同義。
ミューオン	muon	素粒子の一つで、電子と同じ、電気素量に等しい負の電荷を持つ第二世代のレプトン。ミュー粒子ともいう。
ミランダ	Miranda	天王星の第5衛星で、太陽系の中で最も極端かつ多様な地形を持つ。
冥王星	Pluto	かつて太陽系の9番目の惑星とされていたが、現在は準惑星に分類される。
メタン	methane	分子式 CH_4 で表される、常温では無色透明で無臭の気体。天然ガスの主成分で、都市ガスなどに用いられている。
木星型惑星	Jovian planet	水素とヘリウムを成分として多く含む惑星。「大惑星」ともいう。太陽系では、木星・土星・天王星・海王星がこれに分類される。さらに、天王星と海王星では水素とヘリウムの重量比が木星や土星ほど多くないため、これらを区別して、木星と土星を「巨大ガス惑星」、天王星と海王星を「巨大氷惑星」と呼ぶことも多い。
ユーリ・ガガーリン	Yuri Gagarin	旧ソビエト連邦の軍人・パイロット・宇宙飛行士（1934–1968）。人類初の有人宇宙飛行としてボストーク1号に単身搭乗した。
陽子	proton	正の電荷の単位となる粒子で中性子とともに原子核の構成要素。「プロトン」と呼ばれることも多い。
陽電子	positron	電子の反粒子。絶対量が電子と等しいプラスの電荷を持ち、質量やスピン角運動量は電子と同じ。電子と陽電子の対消滅により、γ（ガンマ）線が放出される。「ポジトロン」と呼ばれることもある。
四つの力	four forces	自然界にある、重力、電磁気力、弱い力、強い力のこと。これらの力は、いずれも、ゲージ粒子の交換で発生すると考えられている。
粒子	particle	比較的小さな物体の総称であり、物質を構成する最小の単位を「素粒子」という。

流星	meteor	宇宙の小さな粒子が大気圏に突入し燃えて光る現象。「流れ星」ともいう。
量子ゆらぎ	quantum fluctuation	空間のある点におけるエネルギーが一時的に変化する量子力学的現象。ヴェルナー・ハイゼンベルクの「不確定性原理」で説明される。
量子力学	quantum mechanics	原子や分子、素粒子などを対象とし、ミクロな世界の物理現象を扱う理論体系。物質の波動性と粒子性、観測による測定値の不確定性などを基本にしている。量子力学は、アインシュタインの「相対性理論」とともに現代物理学の双璧をなす基本理論である。
レッドシフト	redshift	主に天文学において、宇宙が膨張していることから、遠方の天体から到達する電磁波の波長が長くなる現象。光の波長が伸びることにより、可視光は赤い方に偏移し、「赤方偏移」とも呼ばれる。
レプトン	Lepton	電子やニュートリノを含む素粒子のグループ。
連星	binary star	2つの恒星が両者の重心（共通重心）の周りを軌道運動している天体。
ロケット方程式	rocket equation	1897年にコンスタンチン・ツィオルコフスキーによって示されたロケットの推進に関する方程式。「ツィオルコフスキーの公式」とも呼ばれる。
ワームホール	wormhole	時空構造として考えうる構造の一つ。時空のある点から別の離れた点へ直結する、トンネルのような空間領域。
矮星	dwarf star	恒星の中心で水素原子核の核融合反応を行う、太陽程度、または、それよりも質量の小さい恒星で、半径や光度が小さく、絶対等級の暗い恒星や主系列星を指す。
惑星	planet	恒星の周りを公転する天体のうち、次の国際天文学連合（IAU）の定義を満たすもの。①恒星を公転している。②十分な質量を持ち、自己重力によって球形を維持している。③軌道周辺の他の天体を排除している、すなわち、軌道を独占している。

[監修・コラム執筆]
田中 忠芳（たなか・ただよし）

兵庫県生まれ。高知大学理学部物理学科卒業後、河合塾提携鹿児島高
等予備校専任講師、松本歯科大学歯学部講師などを経て、現在、金沢
工業大学 基礎教育部／数理工教育研究センター 准教授、博士（学術）。
2004年以降、全国物理コンテスト「物理チャレンジ」および「国際物理
オリンピック」日本代表選手派遣に関する事業にかかわる。所属学会
は、日本物理学会、グローバル人材育成教育学会、ほか。
著書に『日英対訳 身近なサイエンスQ&A』（IBCパブリッシング刊）、
『物理の基礎（力学）』（電子書籍のみ、学術図書出版社刊）がある。

日英対訳
宇宙のすべて

2025年 5 月 5 日　第1刷発行

著　者　　エド・ジェイコブ

訳　者　　深山　真

発行者　　賀川　洋

発行所　　**IBCパブリッシング株式会社**
　　　　　〒162-0804 東京都新宿区中里町29番3号 菱秀神楽坂ビル
　　　　　Tel. 03-3513-4511　Fax. 03-3513-4512
　　　　　www.ibcpub.co.jp

印刷所　　**株式会社シナノパブリッシングプレス**

© IBC Publishing, Inc. 2025

Printed in Japan

落丁本・乱丁本は、小社宛にお送りください。送料小社負担にてお取り替えいたします。
本書の無断複写（コピー）は著作権法上での例外を除き禁じられています。

ISBN978-4-7946-0873-4